Wir danken Herrn James Hunter
vom Institut für Schiffbau
an der Universität von Strathclyde,
Glasgow, für seine unterstützende
technische Beratung.

Redaktionelle Leitung: Helmut Benze
Lektorat: Isabelle v. Neumann-Cosel-Nebe

CIP-Kurztitelaufnahme der Deutschen Bibliothek

Behrens, Reinhard:
Meyers Großes Buch der alten Schiffe/
Bilder u. Texte von Reinhard Behrens. –
Mannheim; Wien; Zürich: Bibliographisches Institut, 1982.
ISBN 3-411-01962-X

MEYERS GROSSES BUCH DER ALTEN SCHIFFE

Bilder und Texte
von Reinhard Behrens

Bibliographisches Institut Mannheim/Wien/Zürich
Meyers Jugendbuchverlag

Inhaltsverzeichnis

1 **Schiffe** gehören zu den wichtigsten und zugleich frühesten Erfindungen der Menschheit.

Schon in der Steinzeit hat es der Mensch verstanden, das fremde Element Wasser mit schwimmfähigen Hilfsmitteln zu meistern.

Archäologische Funde aus dieser frühen Zeit der Menschheitsgeschichte haben bewiesen, daß es schon vor 8000 Jahren Einbäume gegeben hat.

Der Einbaum bildet aber bereits einen ersten Schritt auf dem Wege zum Boot oder Schiff, wie wir es heute in all seiner Artenvielfalt kennen. Vor seiner Erfindung hat sich der Mensch wahrscheinlich schon jahrtausendelang mit einfachen Schwimmhilfen aus verschiedenen Materialien über Wasser gehalten.

Vermutlich benutzte er diese Schwimmkörper, noch bevor er selbst zu schwimmen gelernt hatte oder einen Pflug zu führen verstand.

Es wird eine Notsituation gewesen sein, die den Menschen zum Schiffer machte.

Entweder zwangen ihn Überschwemmungen, den Kampf mit dem Wasser aufzunehmen, oder er mußte den vertrauten festen Boden verlassen, um auf Flüssen, Seen und in Meeresbuchten die lebensnotwendige Nahrung zu erjagen. Die Jäger und Sammler der Frühzeit lebten in Horden und Stämmen, die keinerlei Verbindung zueinander hatten. Die Erkenntnis, daß man schwimmfähige Stoffe bei der Überquerung von Wasser zu Hilfe nehmen kann, entstand deshalb an vielen Stellen der Erde unabhängig und neu. Viele dieser frühen, wahrscheinlich schon in der Altsteinzeit benutzten Wasserfahrzeuge sind noch heute auf irgendeinem Gewässer unserer Welt zu finden.

Entsprechend der vorkommenden Rohstoffe haben diese ersten Schwimmhilfen die unterschiedlichsten Formen bekommen.

Dieses Buch möchte den langen Weg der Schiffsentwicklung von den frühesten Bootsformen bis zu den eleganten Segelschiffen unseres Jahrhunderts beschreiben.

In seinem Beginn wird es die dunkle Vergangenheit der menschlichen Geschichte beleuchten, in der die Menschen zaghaft den festen Boden verließen und sich dem schwankenden Wasser anvertrauten.

Bald danach schon wird ihr unermüdlicher Erfindungsgeist, in vielerlei Form das nasse Element zu meistern, zu bestaunen sein.

Von Entdeckung und Eroberung fremder Kulturen wird erzählt werden und von sich ausbreitendem Handel, von Kriegen zur See, aber auch von friedlicher Forschung und Ideenverbreitung durch Schiffahrt.

Die Vielfalt aller Schiffsformen ist unüberschaubar. Dieses Buch markiert die wichtigsten Stationen aus der Entwicklungsgeschichte der Schiffahrt.

An ausgewählten Beispielen wird gezeigt werden, wie sich Menschen der verschiedenen Epochen und Kulturen Wellen und Wind nutzbar gemacht haben.

Nirgendwo ist festgehalten, wann und wo ein Mensch zum erstenmal die Möglichkeiten eines vorbeitreibenden Baumstammes oder Zweigbündels erkannte, denn die Schrift wurde erst sehr viel später erfunden.

Vielleicht hat es sich irgendwo einmal so zugetragen, wie es auf diesem Bild dargestellt ist. Von der Jagd heimkehrende Steinzeitmenschen mögen die Tragfähigkeit eines schwimmenden, vom Sturm entwurzelten Baumes zufällig entdeckt und als ein erstes Transportmittel für ihre Beute benutzt haben. Ein auf dem Nil treibendes Papyrusbündel mag einen Fischer auf den gleichen Einfall gebracht haben. Vielleicht hat aber auch schon ein schwimmendes Blatt den entscheidenden Anstoß zur Entwicklung der Seefahrt gegeben.

2 Aufgeblasene Tierhäute gehörten zu den ersten Schwimmhilfen des Menschen. Lange, bevor er Boote und Schiffe bauen konnte, wußte er schon, daß luftgefüllte Körper ihm helfen, sich über Wasser zu halten.

Assyrische Wandmalereien zeigen uns, wie schon die Bewohner des Zweistromlandes Mesopotamien vor Tausenden von Jahren mit luftgefüllten Ziegenfellen Flüsse überquerten.

Der menschliche Körper besitzt fast das gleiche Gewicht wie das von ihm verdrängte Wasser. Um nicht unterzugehen, benötigt er nur eine kleine Unterstützung, die seinen Kopf über Wasser hält. Das zwanzigfache an Auftriebskraft ist dagegen nötig, will der Mensch Gewässer überqueren, ohne auch nur mit einem Teil seines Körpers einzutauchen. Die aufgeblasenen Tierhäute mögen ihm lange Zeit genügt haben, seinen eigenen Körper über Wasser zu halten. Wollte er aber auch Waren, die trocken bleiben sollten, auf Flüssen und Seen bewegen, so mußte ihm eine Lösung einfallen, die die Tragfähigkeit seiner primitiven Schwimmer erhöhte.

Das Floß, die Verbindung mehrerer schwimmfähiger Körper, war die Antwort auf dieses Problem. In vielen Arten ist es noch heute überall auf der Welt zu finden.

Diese Abbildung aus einem alten militärischen Handbuch zeigt chinesische Soldaten beim Überqueren eines Flusses. Sie bedienen sich dabei ebenfalls der Hilfe von aufgeblasenen Hautbälgen.

An der Küste Nordchiles gab es eine nirgendwo sonst vorkommende Floßform. Die Indianer des Chango-Stammes banden aufgeblasene Seehundsfelle paarweise zusammen und schufen mit festgebundenen Holzstangen eine tragfähige Plattform (unten).

Mit diesen Flößen wagten sie sich sogar aufs Meer hinaus. Paddel trieben diese Fahrzeuge an; bei günstigen Winden konnte aber auch ein Segel gesetzt werden.

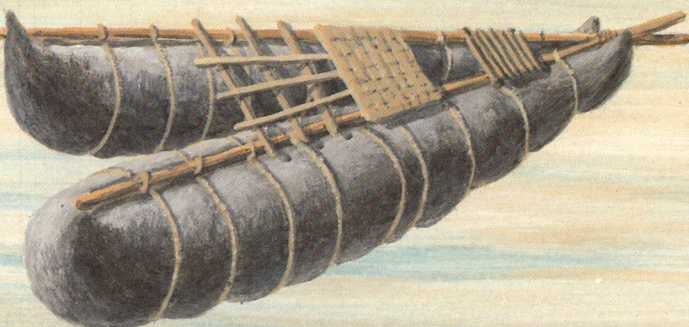

Das Floß aus Hautbälgen oder anderen Hohlkörpern wird auch Kelek genannt. Es fand überall auf den Flüssen waldloser Gebiete in Asien Verbreitung. Aber auch auf dem Euphrat und Tigris (im heutigen Irak) wurden Keleks schon als Fähren und Lastfahrzeuge benutzt. Die Anzahl der an ein Lattengerüst gebundenen Bälge konnte über 1000 betragen. Sie waren so angebracht, daß sie auch während der Fahrt aufgeblasen werden konnten.

Kelek aus Yakfellen

Wie vor Tausenden von Jahren, dient es den Chinesen auf dem Gelben Fluß als Fähre.

Die Assyrer entwickelten aber auch schon eine der frühesten Bootsformen. Ein altes Palastrelief aus Ninive zeigt dieses „Guffa" genannte primitive Rundboot. Ziegenfell umspannte sein kesselförmiges Geflecht aus Pappelzweigen, das mit Teer abgedichtet war. Bei Lastfahrten stromab wurde ein Esel mitgeführt, der die zusammenge-

legten Felle nach der Reise wieder flußauf tragen konnte. Die wertvollen Felle konnten so wiederverwendet werden. Diese einfachen Boote haben sich durch die Jahrtausende so sehr bewährt, daß die Guffas im heutigen Irak immer noch den assyrischen gleichen.

Die europäische Form des einfachen Korbbootes, das „Coracle" aus Wales, ist ebenfalls seit den Tagen Julius Caesars unverändert geblieben. Mit seinem leichten Gerüst aus gespaltenen Ästen kann es bequem von einem Mann getragen werden. Der römische Feldherr war von diesen Booten aus Britannien so begeistert, daß er sie auf späteren Feldzügen von seinen Soldaten nachbauen ließ.

Das Kalebassen- oder Kürbiskelek aus ausgehöhlten Kürbissen hatte nur eine Tragfläche von einem Quadratmeter und wurde von einem Schwimmer schiebend vorwärtsbewegt. Man fand es im alten Mexiko und bei den Inkas in Peru. Heute werden Keleks nur noch im Sudan zwischen Nil und Niger benutzt.
Sie hatten und haben viele Vorteile:
durch bewegliche Verbindungen ihrer Glieder passen sie sich jeder Wellenbewegung an und können selbst Stromschnellen sicher überwinden. Sie haben nur einen geringen Tiefgang und eine hohe Tragfähigkeit. Die große Zahl ihrer Schwimmkörper machen sie gegen Beschädigungen unempfindlich. Wegen ihrer Bauart können sie leicht zerlegt und wieder zusammengebaut werden. Häufig ist nur ein Mann nötig, um die schnell dahinziehenden Keleks sicher zu lenken.
Diesen vielen Vorteilen steht aber ein wichtiger Nachteil gegenüber: sie können nicht gegen Strömungen ankommen und sind wechselnden Winden hilflos ausgeliefert.
Für Seefahrten eignen sie sich deshalb nicht; aber Flüsse und Binnenseen können mit ihnen sicher befahren werden.

Das Tonkrugkelek kommt nur in Vorderindien vor. Während der regelmäßigen Überschwemmungen der Regenzeit dient es zum Lastentransport und als Fähre. Angetrieben wird es von schwimmenden Menschen.

3 **Die erste Form des Holzbootes** stellt der Einbaum dar. Er ist neben der Schrift und dem Rad eine der wesentlichsten Erfindungen des Menschen und bildet die Grundlage für alle Weiterentwicklung im Bootsbau. Die Abbildung links zeigt Indianer von der Ostküste Nordamerikas bei der Herstellung eines Einbaumes (nach einem Kupferstich von 1590). Mit Feuer wurden die ausgewählten Bäume gefällt, Feuer half auch beim Aushöhlen der Stämme. Um die Seitenwände vor dem Verbrennen zu schützen, wurden sie mit Wasser befeuchtet.

Erst seit der Jungsteinzeit (8000–5000 v. Chr.) standen den Menschen Steinäxte zur Verfügung, die die beschwerliche Arbeit erleichterten. Damals war der Einbaum aus Eiche oder Kiefer das überall in Europa verbreitete Wasserfahrzeug. Vor dieser Zeit bereitete das Fällen und Aushöhlen mit grob behauenen Steinen und Faustkeilen große Mühe. Man wird deshalb so oft wie möglich versucht haben, vom Wind entwurzelte Bäume zu finden.

Hier ist zu sehen, wie heute ein Einbaum in Ghana an der Westküste Afrikas gebaut wird.
Wie das Floß wurde auch der Einbaum weltweit verbreitet. In tropischen, waldreichen Gebieten ist er immer noch einer der am häufigsten vorkommenden Fischerboottypen. Je nach verwendeter Baumart beträgt seine Länge zwischen 3 und 30 Metern.

Oft wurde die Weite durch Auseinanderdrücken der Seitenwände vergrößert. Mit heißem Wasser wurden die Wände biegsam gemacht und durch Querbretter, die zugleich die Ruderbänke bildeten, in ihrer gespreizten Form gehalten. – Ein nächster Schritt im Bootsbau war das Aufsetzen von Planken auf die Seitenwände. Dadurch konnte die Ladefähigkeit der Einbäume erhöht werden.

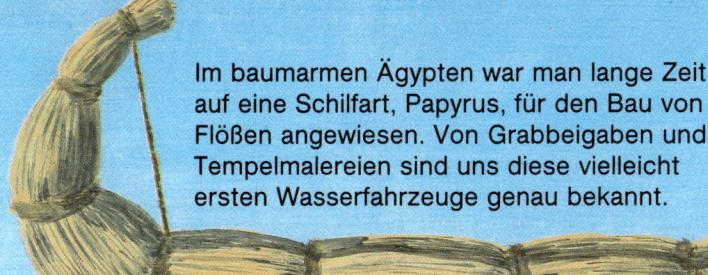

Im baumarmen Ägypten war man lange Zeit auf eine Schilfart, Papyrus, für den Bau von Flößen angewiesen. Von Grabbeigaben und Tempelmalereien sind uns diese vielleicht ersten Wasserfahrzeuge genau bekannt.

Zu festen Bündeln zusammengebunden besitzt Papyrus eine hohe Tragfähigkeit. Für weite Fahrten waren diese Flöße aber nicht geeignet, denn Papyrus saugte sich schnell mit Wasser voll. Sie mußten deshalb nach jeder Fahrt zum Trocknen an Land gezogen werden.

Besondere Berühmtheit haben die „Totoras" genannten Schilfflöße des Titicacasees, des größten Sees Südamerikas, erlangt. Sie werden heute noch ganz ähnlich wie die altägyptischen Flöße gebaut und bieten uns einen Einblick in die erstaunlichen Bootsbautechniken der Frühzeit.
Auch in anderen Teilen der Welt fanden und finden sich Schilfflöße: auf afrikanischen Seen, im holzarmen Kalifornien und auf den Flüssen Asiens.

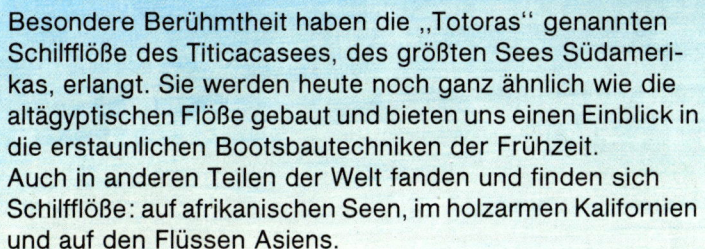

Flöße dienten aber nicht nur zum Transport von Waren und zur Jagd, sondern waren und sind in einigen Teilen der Welt immer noch die ständige Wohnstätte für viele Menschen. Auf den Flüssen Südchinas und Hinterindiens bilden diese Hausflöße aus Baumstämmen ganze Stadtteile für ärmere Bevölkerungsschichten. Zwischen den Wohnflößen werden sogar Äcker- und Gartenflöße angelegt, die Landwirtschaft und Tierzucht ermöglichen.

Das Ambatschfloß, das aus den leichten Ästen des korkartigen Ambatschbaumes gebaut wurde, kam nur auf dem afrikanischen Tschadsee und auf dem sudanesischen Teil des Nils vor.
Der Einbaum war während der Fahrt schwer im Gleichgewicht zu halten. Im Pazifischen Ozean kam man auf eine technische Neuerung, die diese Schwäche beendete: man erfand den Ausleger. Von den polinesischen Marquesasinseln stammt diese Form des Auslegers:

Das Wort Katamaran bedeutet „zusammengebundene Stämme" und hat dieser besonderen Floßform seinen Namen gegeben. Es wird an der indischen Koromandelküste als unsinkbares Brandungsfloß für den Fischfang eingesetzt. Natürlich gebogene oder behauene Stämme werden fest zusammengefügt, mitunter sogar gedübelt. Durch die deutlich erkennbare Ausformung von Bug und Heck wirken Flöße dieser Art schon fast wie Boote.

Diese Bootsform war in der ganzen Inselwelt im Pazifischen Ozean – Ozeanien genannt – verbreitet. Das Auslegerboot hat eine entscheidende Rolle bei der Besiedelung dieser weit verstreuten Inseln gespielt.
Häufig wurden auch Doppelausleger verwendet. Seltsamerweise ist man im europäischen Raum nie auf die sinnvolle Erfindung der Ausleger gekommen.

4 **Die elegantesten aller Einbäume** waren die Kriegskanus der Maoris.

Die Maoris sind ein polynesischer Volksstamm, der wahrscheinlich im 13. und 14. Jahrhundert nach Christus von den Gesellschaftsinseln aus das über 3 500 km entfernte Neuseeland besiedelt hat.

Für diese lange Seereise benutzten sie Doppelkanus. Das waren Gefährte aus zwei Einbäumen, die durch ein Lattengerüst miteinander verbunden waren. Auf diesem Gerüst war eine Plattform aus Bambusrohr befestigt, die eine Schutzhütte trug. Ein großes, dreieckiges Segel half den Maoris, die weite Meeresstrecke zu überwinden.

Brustschmuck der Maoris aus Bast, Federn, Haizähnen und Hundehaaren

Es ist nicht bekannt, ob Neuseeland von den Maoris bewußt angesteuert oder zufällig auf ihren langen Seefahrten entdeckt wurde, denn die Südseeleute kannten keine Navigationsinstrumente. Ihre Orientierung beruhte allein auf der genauen Beobachtung der Natur. Sonne und Sterne, Windrichtungen und Strömungen, Wassertemperatur, Vogelflug und Wolkenbildung halfen ihnen, sich auf den Weiten des Ozeans zurechtzufinden.

Zurückgelegte Entfernungen und Kurse wurden nur geschätzt.

Ein auf den Booten mitgeführtes Schnekkenhorn diente als Signalhorn. Eine genauere Navigation war den Südseeleuten aber mindestens im Umkreis von 300 Seemeilen um ihre Heimatinseln möglich.

Nachdem sich die Maoris in Neuseeland angesiedelt hatten, änderten sie ihre Bootsbauweise. Die hochseetüchtigen Doppelkanus wurden durch große Einbäume ersetzt.

Gesellschafts-
inseln

Australien

PAZIFISCHER
OZEAN

Neuseeland

Oben ist eine der Steinäxte zu sehen, mit denen die Maoris ihre Kanus bearbeiteten.

Das große Kriegskanu war das längste und am meisten verzierte Boot der Maoris. In den dichten Wäldern Neuseelands wählten sie nur die besten Bäume von 20 bis 30 Metern Länge für den Bootsbau aus. Meist waren es Kauribäume mit einem Durchmesser von 2,5 Metern. Die Maoris kannten nur Steinwerkzeuge. Zum Fällen der großen Bäume wurde deshalb auch Feuer benutzt. Steinaxt und Feuer halfen auch beim Schälen der Rinde und beim Aushöhlen des Stammes. Die endgültige Form bekam das Kanu erst, nachdem der grob behauene Stamm in Seenähe gezogen worden war. Dort wurden dann die Beschädigungen, die durch den Transport entstanden waren, von geschickten Bootsbauern mit feinen Steinwerkzeugen ausgebessert.
Wenn ein Baumstamm nicht lang genug war, wurden an einem oder an beiden Enden Ergänzungsstücke angenäht.
Die Seitenwände wurden durch Planken erhöht, die zu den Bootsenden hin schmaler wurden und in der Mitte etwa 30 Zentimeter breit waren. Der reichverzierte, geschnitzte Vordersteven bildete zugleich einen Wellenbrecher. Er hatte von Gegend zu Gegend ein unterschiedliches Aussehen. Häufig zeigte er ein zur Maske verzerrtes, dämonisches Gesicht, das den Feind erschrecken und beleidigen sollte.

Eine Besonderheit im Bootsbau war auch der auffallend hohe Achtersteven, wie er links zu sehen ist.
Er konnte bis zu 6 Meter hoch und 50 Zentimeter breit sein und war mit einem komplizierten Spiralmuster verziert, dessen unteres Ende oft eine geschnitzte menschliche Figur bildete.
Die Seitenplanken waren ebenfalls mit vielen Schnitzereien versehen und mit Muscheln und weißen Albatrosfedern geschmückt.
Durch das Erhöhen der Bordwände mit diesen zusätzlichen Planken wurde der herkömmliche, aus einem Stück bestehende Einbaum zur Piroge.
Um den Schutz der Götter zu erbitten, segneten singende Priester Bau und Stapellauf der Boote.
Mit ihren Kriegskanus oder Pirogen bewegten sich die Maoris nur im Küstenbereich.
Bis zu 80 Ruderer machten diese Kanus zu sehr schnellen Fahrzeugen. Sie konnten sogar noch an Fahrt gewinnen, wenn ein dreieckiges Segel aus geflochtenem Bast aufgestellt wurde.
Auch die schlanken Paddel waren, wie dieses Beispiel zeigt, mit einem Muster verziert.

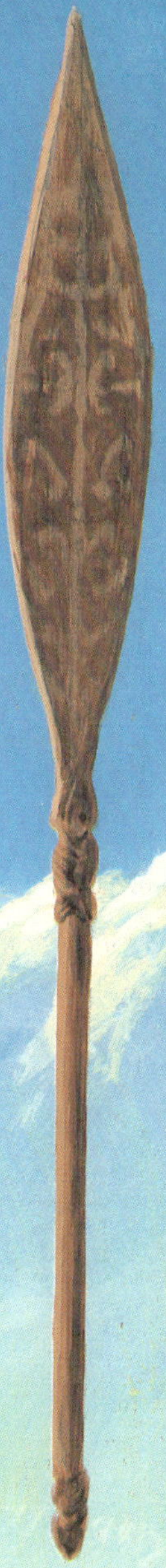

5 **Das ideale Fahrzeug für Jägerstämme** waren die Rindenboote. In ihrer leichten, aber sehr stabilen Bauweise eigneten sie sich gerade für Jäger, die durch unwegsames Gelände zogen. Sie konnten mühelos über Land und um Stromschnellen herum getragen werden. Diese Boote waren in Australien, Asien, an der Küste Ostafrikas und in Südamerika beheimatet.

Aber erst die Indianer im Waldgebiet Kanadas und Nordamerikas entwickelten ihre Kanus zur Höchstform dieser Bootsart. Allein Kanada besitzt die Hälfte aller Süßwasservorkommen der Erde. Dort sind genausoviele Kilometer Wasserstraßen zu finden wie im gesamten Rest der Welt.

Von allen Stellen des Landes kann man auf diesen Wasserwegen entweder zum Atlantik, zum Pazifik, zum nördlichen Polarmeer oder durch die Vereinigten Staaten zum Golf von Mexiko paddeln.

Mit dem aufkommenden Pelzhandel wurden die Kanus auch von den weißen Trappern und Händlern als Transportmittel für ihre kostbare Fracht benutzt.

Erst die Eisenbahn konnte Menschen und Güter schneller befördern als das Rindenkanu.

Bau eines Rindenkanus

Die in einem Stück vom Stamm der Birke, Ulme oder des Hickory abgetrennte Rinde wird flach ausgelegt und V-förmig eingeschnitten. Ein Gerüst aus Ästen bildet die den Fischen abgesehene Kanuform. Mit

Wurzelfasern der Tanne oder Kiefer werden die umgebogenen Kanten der Rinden zusammengenäht. Harz macht die Rindenhaut wasserdicht und eine

Tonschicht auf der Innenseite bewahrt die Rinde vor dem Austrocknen. Weil die Größe der Kanus durch die Größe der Rindenstücke begrenzt war, blieben diese Boote Einmannfahrzeuge.

Doch auch, wo Mitternachtssonne und Packeis das Leben der Menschen prägen, wurde ein Wasserfahrzeug entwickelt, das zu einer einzigartigen Verbindung von Mensch und Boot führte: der Kajak der Eskimos.

Der Kajak ist das unter allen Bedingungen seetüchtige Jagdfahrzeug im Nordpolarmeer. Noch heute ist er für viele Eskimostämme ein unverzichtbares Hilfsmittel zur Jagd auf Wale und Seehunde.

Sein Gerüst besteht aus Holz, das entweder aus waldreicheren Gegenden im Süden herangeholt werden muß oder als Treibholz an den eigenen Küsten einen seltenen und kostbaren Fund darstellt. In einigen Fällen werden die Spanten (das sind die Querverstrebungen im Boot) auch aus Walknochen gebildet. Das Spantengerüst wird mit Seehunds- oder Walroßleder überspannt.

Bei dieser Arbeit zeigt sich eine seit alters überlieferte Arbeitsteilung. Während die Männer für den Bau des Gerüstes zuständig sind, ist es die Aufgabe der Frauen, die Felle vorzubereiten und mit dem Gerüst zu verbinden. Auch die Verarbeitung der Jagdbeute zu Nahrung und Gebrauchsartikeln ist Frauensache. Die Männer sind neben dem Bootsbau ausschließlich mit der Jagd beschäftigt.

Meist ist der Kajak ein Einmannfahrzeug. Selten wird er zwei- oder dreisitzig gebaut.

Die Seehundshaut umspannt das ganze Boot. Nur ein rundes Einstiegsloch mit einem Holzrahmen bleibt frei. Mit seiner Jacke, die auch als Anorak bekannt ist, kann der Eskimo, nachdem er eingestiegen ist, seinen Kajak wasserdicht verschließen.

Falls er während der Jagd in rauher See einmal kentern sollte, versteht er es, durch geschicktes Einsetzen seines Paddels den Kajak wieder aufzurichten. Dieses Manöver ist oben in drei Abbildungen zu sehen. Es wird „Eskimorolle" genannt.

Mit besonderem technischen Geschick entwickelten die Eskimos auch ihre Hauptjagdwaffe, die Harpune. Sie besitzt eine nur lose mit dem Holzschaft verbundene Spitze aus Knochen oder Metall, die sich vom Schaft trennt, sobald ein Beutetier getroffen wird. An der Spitze ist ein Lederriemen befestigt, der, wenn an ihm gezogen wird, die Spitze querstellt, so daß sie nicht mehr herausgezogen werden kann.

Am anderen Ende des Riemens befindet sich eine Schwimmblase aus Seehundsdarm, die einen Zug ausübt und das getroffene Tier am Untertauchen hindert. Der Jäger kann so seine erschöpfte Beute jederzeit leicht wiederfinden.

6 **Eine der wagemutigsten Seefahrten** aller Zeiten unternahm der norwegische Forscher Thor Heyerdahl im Jahr 1947 mit seinem Floß Kon-Tiki. Zusammen mit seinen fünf Kameraden, deren Herkunft durch die verschiedenen Nationalflaggen angezeigt wurde, segelte er fast 8 000 km weit über den Pazifischen Ozean.

Entgegen der allgemeinen Auffassung, daß die polynesische Inselwelt von Westen aus besiedelt wurde, wollte er mit dieser Fahrt die Möglichkeit einer Besiedelung von Osten, vom südamerikanischen Festland her, beweisen. Die Inkas, die Ureinwohner Perus, hatten schon vor Jahrtausenden mit Flößen, die bis zu 50 Mann tragen konnten, weite Handels- und Eroberungsfahrten unternommen. Thor Heyerdahl folgte beim Bau seines Floßes genau den Angaben der spanischen Eroberer, die im 16. Jahrhundert diese Gefährte zu Hunderten an der Küste Perus gesehen hatten. Nach dem allgemein verwendeten sehr leichten Holz des Balsabaumes wurde diese in Südamerika verbreitete Floßart „Balsa" genannt.

Neun unterschiedlich lange Stämme wurden mit Bastseilen, die durch das weiche Holz nicht beschädigt werden konnten, zusammengebunden. Die Stämme waren wie Orgelpfeifen angeordnet, mit dem längsten von 15 Meter Länge in der Mitte. Für den Bau des Floßes wurde kein einziger Nagel oder Draht verwendet. Heyerdahl benutzte nur Materialien, die auch den Inkas zur Verfügung gestanden hatten. Quer zu den neun unteren Stämmen wurden acht dünnere gebunden, die eine Plattform aus Bambusmatten trugen. Die Schutzhütte bot genug Platz für die Nahrungsvorräte und die technische Ausrüstung der Wissenschaftler. Sie hatte Wände aus geflochtenen Bambusspänen und ein Dach aus Blättern des Bananenbaumes. Das quadratische Segel war an eine Rah aus zwei Bambusstangen gebunden.

Am 28. April 1947 verließ das Floß mit seiner mutigen Besatzung den peruanischen Hafen Callao, um erst 101 Tage später wieder auf Land zu stoßen.

Während der Fahrt wurde das hier zu sehende Heckruder durch eine andere Art der Steuerung abgelöst.

Thor Heyerdahls Besatzung folgte der indianischen Technik und verwendete fünf Steckschwerter, ähnlich denen der Jangadas. Bald hatten die sechs Männer soviel Übung im Gebrauch dieser fast in Vergessenheit geratenen Lenkungsart, daß sie die Behauptung, ein Floß könne nur schwer gesteuert werden, widerlegten.

Die ganze Fahrt über hatte das Floß seine Besatzung sicher wie ein Kork auch durch die stürmischsten Seen getragen. Nur bei der Ankunft in Tahiti lief es auf ein Riff. Von den Einheimischen wurden sie stürmisch begrüßt und gefeiert. Wie ein Lauffeuer ging die Nachricht vom Gelingen dieser Expedition um die Welt.

Die meisten Wissenschaftler erkannten diese gelungene Fahrt aber nicht als Beweis für Thor Heyerdahls Theorie einer Besiedelung Polynesiens von Osten her an. Neun Jahre später trat der Franzose Eric de Bisshop sogar den Gegenbeweis mit einer ebenfalls beeindruckenden Seereise an. Auf seinem Floß Tahiti-Nu segelte er von Tahiti aus nach Südamerika, also entgegengesetzt zur Fahrt der Kon-Tiki. Allerdings war ihm dieses nur in einer weiter südlich gelegenen Meeresströmung möglich. Auch wenn die Rätsel der polynesischen Herkunft also noch nicht eindeutig gelöst wurden, bewiesen diese Fahrten doch zumindest, daß Menschen schon vor eineinhalb Jahrtausenden den Pazifik auf Flößen überquert haben können.

Für die Seefahrtsgeschichte aber bedeutet die Fahrt der Kon-Tiki eine außerordentliche Leistung und wird für immer als denkwürdige Tat in Erinnerung bleiben.

Die genaue Kenntnis der Windverhältnisse war eine der wichtigsten Bedingungen für das Gelingen der Kon-Tiki-Fahrt. Thor Heyerdahl wußte das beständige Wehen des Südostpassates für seine Reise nach Westen auszunutzen. Wie die Karte zeigt, ist die gesamte Lufthülle ein Geflecht von Luftströmungen, die sich in fließenden Bewegungen durchdringen, abschwächen oder verstärken. Verursacht wird diese Bewegung von der Erwärmung der Luft durch die Sonne und der Drehung der Erde um sich selbst. Übrigens werden alle Winde nach der Richtung, aus der sie wehen, benannt.

Der Austausch von Luftmassen unterschiedlicher Temperaturen geschieht in wirbelförmigen Fließbewegungen.

Trotz der Vielfalt dieser Luftströmungen gibt es doch einige beständige, schon den frühesten Seefahrern bekannte Windzonen. Die Luft des Äquatorraumes wird stark erhitzt, steigt auf und fließt zu den kalten Polen. Ein Teil sinkt aber schon vorher ab und fließt wieder, von der Drehung der Erde abgelenkt, als Passat dem Äquator zu. Nördlich des Äquators geschieht diese Ablenkung im Uhrzeigersinn, auf der Südhalbkugel ihm entgegen. Eine für die Seefahrt wichtige Ausnahme bildet der Südwestmonsun, der von April bis September weht. Während dieser Sommermonate erhitzt sich das indische Landdreieck. Die heiße Luft steigt auf und läßt kühlere Meeresluft aus Südwesten nachströmen: den Südwestmonsun.

Die Windverhältnisse im Juli während der Kon-Tiki-Fahrt

7 **Die Erfindung des Schiffes** liegt im Dunkel der
Vorgeschichte verborgen. Eine neue Ära der Schiffahrt
begann, als der Mensch zum erstenmal die treibende
Kraft des Windes für die Fortbewegung seines Wasser-
fahrzeugs entdeckte.
Lange Zeit haben ihm nur die eigenen Arme und Beine
oder Paddel zum Antrieb seines Bootes gedient.
Wie so oft in der Geschichte der menschlichen Erfindungen, mag auch hier ein Zufall den Anstoß gegeben haben.
Die Beobachtung von im Wind geblähter Kleidung oder
sturmgebeugter Baumkronen könnte vielleicht zur Erfindung dieser neuen, kräftesparenden Antriebstechnik
geführt haben. Für die nächsten Jahrtausende blieb der
Wind die wichtigste Form des Antriebs auf dem Wasser.
Mit Segelschiffen wurde es möglich, die Weltmeere zu
erschließen und eine regelmäßige Verbindung zwischen
den Kontinenten herzustellen.
Wahrscheinlich tauchten die ersten Segel in den Ländern
auf, aus denen wir auch die ersten Bootsformen kennen:
in Mesopotamien, an Euphrat und Tigris und im Nilland
Ägypten.
Auf altägyptischen Tongefäßen des 4. Jahrtausends vor
Christus lassen sich eingeritzte Bilder von Booten mit
Segeln erkennen. Diese kleinen Segel, die aus dem
gleichen Schilfmaterial wie die Boote selbst hergestellt
waren, konnten nur bei günstigen, von achtern (hinten)
kommenden Winden eingesetzt werden.

Am südamerikanischen Titicacasee benutzt man auf
den Totoras noch heute Segel aus Papyrusrohr. Sie
haben quadratische, rechteckige oder auch sechs-
eckige Form. Auch hier kommt der Bockmast vor, der
bei ungünstigem Wind umgelegt werden kann.

Der aus zwei Stämmen gebildete Bockmast
ist wahrscheinlich ebenfalls eine ägyptische
Erfindung.
Ein einzelner Pfahlmast hätte den Boden des
kiellosen Papyrusbootes zu sehr belastet.
Die beiden Beine des Bockmastes verteilten
den Druck gleichmäßig auf die stärkeren
Seiten des Bootes.
Diese Mastform wurde auch noch beibehalten, als man bereits verstand, Holzschiffe zu
bauen. Erst als man gelernt hatte, gegen den
Wind zu kreuzen und stärkere Boote zu
bauen, wurde der Pfahlmast eingeführt,
dessen Rah geschwenkt werden konnte.

An den Küsten und auf den Flüssen Brasiliens gibt es eine Floßart, die in ähnlicher Form auch an einigen anderen Küsten Südamerikas zu finden ist.

Es ist die segelbetriebene Jangada.

Sie wird heute wie auch schon vor Jahrtausenden von Fischern für ihre Fangfahrten benutzt. Diese Seefahrten können mit ausreichendem Frischwasser und Proviant mehrere Wochen dauern. Der Rumpf einer Jangada ist aus an den Enden zugespitzten Stämmen einer leichten Holzart gebaut. Holzdübel halten das Floß zusammen. Der längste der ungleich langen Stämme liegt in der Mitte und bildet einen einfachen Bug.

Angetrieben wird die Jangada durch ein großes, dreieckiges Segel aus Stoff, dessen Stellung der Windrichtung angepaßt werden kann. Zur Steuerung benutzt man ein mittschiffs angebrachtes Steckschwert, ein Brett aus Hartholz, von etwa 50 Zentimeter Breite und 1,5 Meter Länge. Es kann unterschiedlich tief ins Wasser abgesenkt werden, um dem Druck des Windes auf das Segel den Druck des Wassers auf das Brett entgegenzusetzen und so eine Steuerung des Floßes zu ermöglichen.

Ein Gerüst aus Pfählen und Querbalken soll dafür sorgen, daß die Ladung trocken befördert werden kann.

Einige Jangadas haben auch ein Deckshaus aus Schilf, das sie mehr zum Schiff als zum Floß macht.

Als Anker dient ein großer Stein, der mit einem Seil an einen der Stämme gebunden ist.

Mit diesen „Tainui" genannten Doppelrumpfbooten unternahmen die Maoris ihre weiten Fahrten von den Gesellschaftsinseln nach Neuseeland.

Auffallend sind die Klauensegel, die durch elegant gebogene Holzstangen gehalten wurden.

Die beiden durch ein Gerüst von Querstangen verbundenen massiven Rümpfe arbeiteten bei schwerem Seegang gegeneinander und es wird oft Schiffbruch gegeben haben. Hierin liegt vielleicht der Grund für das Aussterben dieses Bootstyps. Als die Europäer in den Pazifik vordrangen, fanden sie kaum noch Doppelrumpfboote vor.

8 **Ein chinesisches Sprichwort** sagt, daß die Götter die Dschunken erschaffen haben, lange bevor sie an die Menschen dachten.

Die Dschunke ist, als eine besondere Form des Bretterbootes, wahrscheinlich das erste Hochseeschiff überhaupt. Der Indische Ozean wurde schon von diesen einzigartigen Schiffen auf regelmäßigen Handelsreisen befahren, als man auf der Nordsee nur in Küstennähe zu segeln wagte. Der Vorläufer der kiellosen Dschunke war das Floß, während für den westlichen Bootsbau der Einbaum die Grundlage aller Weiterentwicklung war. Die Dschunken des Nordens lassen sich von denen des Südens deutlich unterscheiden.

Die hier gezeigte südchinesische Futschou-Dschunke hat einen elegant geschwungenen Rumpf, die Bordwände sind am Bug flügelartig nach außen gewölbt und das Heck ist mit Figuren der Sagenwelt reich bemalt. Die Segel aus Baumwollstoff oder geflochtenen Bastmatten sind an den Außenkanten abgerundet.

Die Dschunken des Nordens, auf der rechten Seite zu sehen, sind die älteren. Sie sind stabiler und klobiger gebaut, ihr Bug ist flach und ihre Segel haben eine rechteckige Form.

Peking

KOREA

Gelber Fluß

Jangtsekiang

Schanghai

CHINA

Futschou

Kanton

Hongkong

Eine der frühesten Beschreibungen einer Dschunke stammt von dem venezianischen Kaufmannssohn Marco Polo, der im 13. Jahrhundert siebzehn Jahre in China als Vertrauter des Kaisers Kublai Kahn verbrachte. In seinem ausführlichen Bericht erwähnt er alle Einzelheiten, die ihm als Abendländer an diesen fernöstlichen Wasserfahrzeugen auffielen. Neu für ihn war das große Heckruder, das sich nicht seitlich, wie im Mittelmeerraum, sondern in der Mitte befand und je nach Bedarf abgesenkt werden konnte. So diente es auch als Kielschwert.

Eine andere Besonderheit war die hier gezeigte Schottenbauweise. Der Rumpf war durch wasserfeste Holzwände in bis zu 30 Einzelräume unterteilt. Schlug der Schiffskörper in den sturmreichen chinesischen Gewässern an Felsen oder sogar Walen leck, füllten sich nur die Kammern an der Schadstelle mit Wasser. Das eingedrungene Wasser wurde in den Mittelraum abgelassen und von dort ausgeschöpft. Auch die Luggersegel unterschieden sich von den Segelformen des Westens. Ein Drittel ihrer Fläche befand sich vor dem Mast, zwei Drittel dahinter. Jede ihrer vielen Rahen war einzeln mit dem Mast verbunden, der dadurch in seiner ganzen Länge gleichmäßig belastet wurde und keine Haltetaue, wie die Wanten und Stage im Westen, zu seiner Stützung benötigte. Die Segel konnten deshalb auch ungehindert geschwenkt werden und den Wind in gewünschter Weise ausnutzen. Das Einholen der Segel, die wie Fächer zusammenlegbar waren, war ebenfalls einfach.
Noch zu Beginn des 15. Jahrhunderts hatte das Abendland den großen Handelsdschunken keine Schiffe entgegenzusetzen, die auch nur ähnlich groß und seetüchtig waren.

Da ihre Dschunken am besten vor dem Winde segelten, bedienten sich die chinesischen Seeleute bei ihren Fahrten der Monsunwinde. Der winterliche Nordostmonsun ließ sie in südlicher Richtung in See stechen, während der Südwestmonsun des Sommers sie auf ihrer Heimreise unterstützte.
Seit dem 7. Jahrhundert gab es einen regelmäßigen Handelsverkehr zwischen China und der afrikanischen Ostküste. Die geräumigen Dschunken boten neben dem Laderaum auch zahlreiche, komfortabel ausgestattete Kabinen für Passagiere. Die mächtigsten Dschunken

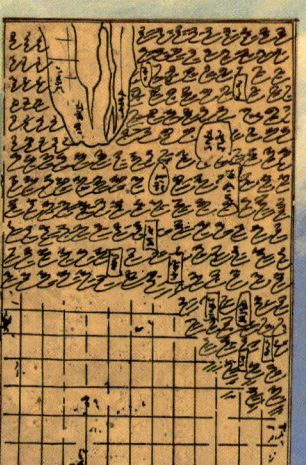

sollen bis zu 1 000 Tonnen groß gewesen sein. Von 1405 bis 1433 wurden sieben Entdeckungsreisen unternommen, auf denen die Dschunken weiter als bisher nach Westen und Süden vordrangen. Diese chinesische Seekarte aus jener Zeit zeigt die genaue Lage der Südspitze Afrikas, des Kaps der Guten Hoffnung. Es ist sehr wahrscheinlich, daß einige Dschunkenkapitäne sogar die afrikanische Westküste gesehen haben.
Seit dem Jahre 1090 kannten die Chinesen den Gebrauch eines Kompasses.
Mit dem Tode des letzten Kaisers der Ming-Zeit, 1445, endete Chinas Vorrangstellung im Indischen Ozean. Eine andere Handelspolitik hielt die Chinesen künftig in den Grenzen ihres eigenen Landes.

9 **Eine Reise in das Gottesland**
Punt ließ die ägyptische Königin
Hatschepsut vor fast 3500 Jahren
unternehmen. Alle Einzelheiten
der Fahrt sind in einem prächtigen
Wandrelief ihres Grabmales in Dair
Al Bahri bei Theben festgehalten.
1000 Jahre vorher waren schon
die Schiffe des Pharaos Sahure
reichbeladen von dort zurückge-
kehrt.

Das fruchtbare Nilland gab seinen Bewohnern zwar Flachs
für die Bekleidung und Weizen für die Nahrung, aber alle
übrigen Waren mußten mühsam und teuer eingeführt
werden.
Die gefährliche mehrmonatige Seefahrt wurde gewagt, weil
in Punt Weihrauch- und Myrrhebäume wuchsen, aus denen
man das Räucherwerk gewann, mit dem der Gott Amun
verehrt wurde.

Außer den kostbaren Duftstoffen wollten die Ägypter auch
Gold und Silber, edle Hölzer und wilde Tiere gegen Ton- und
Schmuckwaren eintauschen. Um die Schiffe vom Nil zum
Roten Meer zu transportieren, wurden sie zerlegt und mit
Eselskarawanen 150 Kilometer weit durch die Wüste getra-
gen. Im Hafen Al Kuseir wurden sie wieder zusammenge-
setzt, um von dort ihre Fahrt in den Indischen Ozean zu
beginnen.

Kreta
MITTELMEER
Cypern
Byblos
Phönizien lieferte
den Ägyptern das
für den See-
schiffbau nötige
Zedernholz.
Babylon
Memphis
Gizeh
Tal der Könige
Deir-el-Bahri
Theben
Kuseir
Nil
Assuan
ROTES MEER
ARABIEN
ÄGYPTEN

Wo sich Punt befand, kann
heute nur noch vermutet
werden – möglicherweise lag
es im Gebiet des heutigen
Somalia.

PUNT?

0   200   400 km

PUNT?

So sieht der Hatschepsut-Tempel in Deir-el-Bahri heute aus.

Großer Jubel herrschte in Theben über die Rückkehr der fünf vollbeladenen Schiffe aus dem Gottesland Punt. Die Ägypter glaubten, daß Punt die Heimat ihrer frühesten Vorfahren war und deshalb hatte die glückliche Heimkehr der Schiffe eine besondere Bedeutung für sie. Der Tag der Ankunft wurde zum Feiertag für ganz Ägypten. Das Relief der Königin Hatschepsut schließt daher mit den stolzen Worten: „Seit allem Anfang wurde noch nie ein solcher Schatz einem König überbracht."
Schon lange Zeit vor ihren weiten Seefahrten wußten die Ägypter den Nil zu befahren, der die wichtigste Lebensader ihres Reiches bildete.
Dazu benutzten sie Papyrusboote verschiedener Größe. Von den Steinbrüchen in der Nähe von Assuan wurden schwere Granitblöcke in 60 bis 80 Meter langen Booten zu den Tempelbauten flußabwärts gerudert.
50 Rudersklaven saßen auf jeder Seite dieser großen Boote.

Hier werden lebende Myrrhebäume an Bord eines ägyptischen Schiffes getragen.

Die seetüchtigen Schiffe waren viel kleiner.
Sie waren nicht mehr aus Papyrus, sondern aus Holz gebaut. Auf kunstfertige Weise waren die kurzen Plankenteile mit vielen Holzdübeln fest aneinandergefügt.
Dennoch konnte diese handwerkliche Leistung dem 30 Meter langen Schiff nicht genügend Festigkeit geben und es davor schützen, bei rauher See auseinanderzubrechen. Eine einfache, aber wirksame Erfindung half ihnen, ihre Schiffe hochseetüchtig zu machen.

Das vordere und hintere Ende wurde durch ein starkes Seil, das sogenannte „Sprengtau", zusammengehalten, das fest gespannt war und die Schiffe stabil genug für die hohe See machte. Durch ihren geringen Tiefgang von nur 1,5 Metern und den hochgezogenen Bug konnten diese Schiffe durch Untiefen steuern und auch an flachen Ufern anlegen. Stand der Wind günstig, wurde ein großes Rahsegel gesetzt. Bei der Fahrt in das Land Punt half der beständige Nordostpassat den 30 Ruderern.

Das Palastrelief zeigt einige Unterschiede zu den ägyptischen Schiffen, die den Bau der phönizischen Schiffe zuvor noch sehr beeinflußt hatten. Die Phönizier waren in der Lage, auch ohne Sprengtau stabile Schiffsrümpfe zu bauen. Ihr großes heimatliches Holzvorkommen eröffnete ihnen andere technische Möglichkeiten.

Ein besonders großer Zedernstamm, der am Bug zum gefährlichen Rammsporn zugespitzt wurde, bildete die feste Mittelstütze, auch Kiel genannt, auf dem die Seitenplanken ohne Überlappung mit Holzdübeln aufgesetzt waren. Diese Kraweel-Bauweise war kennzeichnend für den gesamten Mittelmeerraum. Zusätzliche Festigkeit bekam der Rumpf durch ein Gerüst von Holzrippen, den Spanten.

Da die Phönizier sich mit ihren Kriegsschiffen nicht von Winden abhängig machen wollten, blieben Ruderslaven weiterhin die wichtigste Antriebskraft. Um die Fahrt zu erhöhen, wurde die Zahl der Ruderer verdoppelt. Weil die Schiffe aber nur begrenzt verlängert werden konnten, mußte man die Ruderer auf Plattformen außenbords unterbringen (Bild links unten). Daher wurden diese Schiffe Biremen (Zweiruderer) genannt.

Die schnellen Kriegsschiffe der Phönizier wurden auch von den Landmächten Assyrien und Persien in Dienst gestellt. Bei Seeschlachten gegen die Griechen machte der Perserkönig Xerxes sogar den phönizischen König von Sidon zum Admiral der gesamten persischen Flottenverbände.

10   Das bedeutendste Seefahrervolk der Antike waren die Phönizier. Dennoch haben sie selbst kaum Abbildungen ihrer Schiffe hinterlassen. Vom 11. Jahrhundert vor Christus an beherrschten sie über 400 Jahre lang den gesamten Handel im Mittelmeerraum. Während dieser Zeit standen sie unter dem wechselnden Einfluß ihrer mächtigen östlichen und südlichen Nachbarvölker. Jahrhundertelang hatten sie mit Ägypten Handel getrieben. Danach war es die Landmacht Assyrien, die das Wissen ihrer seeerfahrenen Nachbarn für die eigenen Eroberungszüge zu nutzen wußte.

Eine der wenigen Darstellungen phönizischer Schiffe befindet sich deshalb auch in dem Palast des Assyrerkönigs Sanherib zu Niniveh. Sie zeigt die Flotte des Königs Luli von Sidon im Jahre 701 vor Christus. Seit dem 9. Jahrhundert ist eine Trennung zwischen Kriegsschiffen, die Lang-, und Handelsschiffen, die Rundschiffe genannt wurden, zu erkennen.

Ein Blick auf diese Karte des Mittelmeeres zeigt, wie weit sich die Handelsfahrten der Phönizier nach Westen ausdehnten.
Ihre Hafenstädte Tyros, Sidon und Biblos lagen im Schnittpunkt aller Handelswege der damaligen Welt. Als geschickte Handelspolitiker bauten sie ihr Netz von Stützpunkten und Niederlassungen entlang der Küsten und Inseln aus.
Für Jahrhunderte blieb ihre wirtschaftliche Vorrangstellung unangefochten.

Ihre Rundschiffe trugen Libanon-Zedern, ägyptischen Goldschmuck und Elfenbeinschnitzereien, kostbare Gewürze und Stoffe aus Indien, Silber aus den spanischen Bergwerken, aber auch viele Sklaven über das Meer. Sie erfanden das durchsichtige Glas und brachten die Anfänge des Alphabetes, wie wir es heute noch kennen, nach Griechenland. Ihren Namen bekamen sie vielleicht nach dem Farbstoff der Purpurmuschel, den sie zum Färben ihrer berühmten roten Tuche benützten, denn dunkelrot heißt in der griechischen Sprache „phoinix". Weiter als jedes andere Volk hatten sie sich nach Westen, durch die Meerenge von Gibraltar, vorgewagt. Durch diese mutige Fahrt hatten sie die reiche Stadt Tartessos entdeckt, die das für die Bronzegewinnung wichtige Zinn von den Britischen Inseln bezog. Um den Weg nach Tartessos geheimzuhalten, verbreiteten sie Schreckensberichte über jenes „Ende der Welt". Ein Kapitän soll sein Schiff sogar lieber versenkt haben, als daß er einem ihm folgenden fremden Schiff die Route zum Zinn verraten hätte.

Tartessos · Rom · Karthago · MITTELMEER · Byblos · Sidon · Tyros · Alexandria

11 Mittler zwischen Ost und West für fast ein halbes Jahrtausend waren die Araber mit ihren schnittigen Schiffen, den Daus.

Der Prophet Mohammed hatte seit 622 nach Christus alle Araberstämme im Zeichen des neuen Glaubens, des Islams, geeinigt. Mit Feuer und Schwert verbreiteten sie ihre Religion über fast alle Küsten des Mittelmeeres. Neben der heiligen Stadt Mekka und der alten Stadt Bagdad am Tigris wurden das unterworfene Nordafrika und Spanien zu Eckpfeilern ihres islamischen Weltreiches.

Nach Osten hin entwickelten die Araber ein Handelsnetz, das bis zum Ende des dreizehnten Jahrhunderts die einzige Verbindung des Abendlandes mit jenen fernen Ländern des Orients war.

Die Karte zeigt die Ausdehnung des Arabischen Reiches um das Jahr 950 nach Christus.

Nach der Unterwerfung Indiens und Indonesiens liefen arabische Schiffe sogar die Häfen Chinas an. Dort tauschten sie die kostbare Seide und das begehrte Porzellan gegen afrikanisches Gold, europäische Hölzer und Erze sowie Pelzwerk aus Rußland ein. Perlen und Schmuck bekamen sie in Indien und Gewürze aus dem Inselreich der Molukken.

Doch die Araber sorgten nicht nur für den Handelsaustausch. Ihre Händler kamen auf den Fahrten in den Orient auch mit dem Gedankengut des fernen Ostens in Berührung.

Bagdad wurde ein islamisches Studienzentrum und arabischen Gelehrten ist es zu verdanken, daß das Wissen des Orients auch dem Abendland bekannt wurde.

Als Söhne der Wüste hatten es die Araber schon immer verstanden, ihren Weg mit Hilfe der Sterne zu finden. Als Seefahrer kamen ihnen diese Kenntnisse bei ihren weiten Fahrten über das Meer zugute.

Die islamische Religion verbot die Darstellung von Menschen auf Bildern. So sind uns auch keine Bilder von Seeleuten dieser Zeit auf ihren Schiffen erhalten und wir

wissen wenig darüber, wie sich die Daus entwickelten. Die Araber selbst nannten ihre Schiffe nicht Daus. Sie hatten eine Vielzahl von Namen für ihre verschiedenen Schiffsarten. Das trapezförmige Segel an der schräggestellten Rah war aber allen Arten gemeinsam. Zum dreieckigen, sogenannten „Lateinersegel" weiterentwickelt, fand es überall im Mittelmeerraum rasche Verbreitung. Die Daus waren ausschließlich Segelschiffe, die die regelmäßig wehenden Monsunwinde für ihre Fahrten über den Indischen Ozean nutzten. Riemen wurden nur für bessere Manövrierfähigkeit mitgenommen und um bei einer Flaute Feinden besser entkommen zu können.

Anfänglich wurden die Planken an das Spantengerüst genäht. Erst seit dem sechzehnten Jahrhundert wurden Holznägel verwandt.

Daus werden heutzutage fast nur noch in Indien gebaut.

Seit Jahrtausenden unverändert befahren die „Gaiassas" den Nil. Diese flachen Lastenschiffe segeln stromauf; stromab lassen sie sich treiben.

Das einträglichste Geschäft der arabischen Kaufleute wurde der Überseehandel mit Menschen. Von der Antike bis in das neunzehnte Jahrhundert waren sie die Hauptlieferanten der Sklavenmärkte. Vom achten Jahrhundert an gründeten sie sogar Niederlassungen für den Menschenhandel an der afrikanischen Ostküste. Von dort aus brachten sie die Sklaven nach Ägypten, Persien und Indien.

SPANIEN

ITALIEN

GRIECHEN-
LAND

Athen

AFRIKA

MITTELMEER

SCHWARZES
MEER

TÜRKEI

• Handelsniederlassung
der Griechen

Die Griechen haben uns auf ihren Tongefäßen ein genaues Bild ihrer Schiffe hinterlassen. Danach waren ihre Handelssegler schwungvoll geformte Schiffe mit einem großen Hauptsegel und ohne Ruderer, um mehr Platz für Ladung zu gewinnen. Ein vor Massilia – dem heutigen Marseille – in der Rhônemündung gefundenes Lastschiff ist dort im Jahr 145 vor Christus auf Grund gelaufen. Das Schiff ist 36 Meter lang,

12 **Wie Frösche um einen Teich** hatten sich nach einem Ausspruch des Philosophen Plato die griechischen Städte von 750 bis 550 vor Christus um das Mittelmeer geschart. Seit dem achten Jahrhundert vor Christus vermochte der karge Boden des Mutterlandes seine Bewohner nicht mehr ausreichend zu ernähren. So kam es, daß die griechischen Bauern auf der Suche nach einer neuen Heimat in großen Scharen die Küsten des Mittelmeeres entlangsegelten. Häufig waren es die Bewohner einer Stadt, die sich, von einem Anführer geleitet, auf die Reise ins Ungewisse begaben.

Mit ihrer ständig wachsenden Zahl von Niederlassungen drangen die Griechen aber immer mehr in den Handelsbereich der Phönizier ein, die ihre Vorherrschaft im Mittelmeer allmählich abgeben mußten.

12 Meter breit und hat einen Tiefgang von 5 Metern. Es konnte zehntausend Amphoren tragen.

Eine Amphore war in der Antike mit 26 Litern eine Maßeinheit für die Tragfähigkeit eines Schiffes.

Die großen Lastschiffe konnten nicht mehr wie früher auf den Strand gezogen werden und benötigten deshalb gemauerte Kaianlagen. Viele Hafenstädte wurden bald zu Handelszentren, in denen sich Kaufleute aus aller Herren Länder trafen. Von allen griechischen Hafenstädten war Piräus, der Hafen Athens, der bedeutendste.

In fünf geräumigen Hallen wurden die Güter gelagert. Die größte der Hallen war für den Getreidehandel bestimmt. Neben Getreide waren Wein und Olivenöl die Hauptnahrungsmittel der Antike. Doch auch Bronze-, Eisen- und Keramikwaren, Ledererzeugnisse, Wollstoffe und Schmuck wurden gehandelt. Pökelfleisch vom Schwarzen Meer und Nutzholz aus Mazedonien, Teppiche aus Karthago und Gewürze aus Libyen wurden aus den Schiffen geladen und von eifrigen Händlern in vielen Sprachen angepriesen. Zwischen Tonwaren und Fischkisten standen die Tische der Wechsler, an denen fremdländische Münzen gegen griechische Drachmen getauscht wurden.

Kleinhändler bestimmten den Handel und meist erbrachte nur eine Schiffsladung das ganze Jahresgeschäft. Um den Transport ihrer Waren zu überwachen und günstige Preise zu erzielen, begleiteten die Kaufleute ihre Güter auf den Seefahrten oft selbst.

Die Schiffe jener Zeit kamen nur langsam voran. Die durchschnittliche Geschwindigkeit betrug fünf bis sieben Seemeilen in der Stunde und eine Überquerung des Mittelmeeres dauerte einen ganzen Sommer.

Von April bis zum Herbst herrschte emsiges Treiben in Piräus. Mit Beginn der Herbststürme aber wurde die Schifffahrt im gesamten Mittelmeer eingestellt. Die Schiffe wurden an Land aufgebockt, die Händler und Hafenarbeiter verließen die Kaianlagen und im Hafen zog winterliche Ruhe ein.

Der Dichter Homer gibt uns in seinen Sagen vom Trojanischen Krieg fachkundige Beschreibungen von Schiffen jener Zeit. Diese Vase zeigt den Helden Odysseus auf seinem Schiff. Seine Gefährten haben ihn an den Mast gebunden, um ihn gefahrlos dem unheilbringenden Gesang der Sirenen lauschen zu lassen. Das Segel ist gerefft, das heißt zusammengelegt. Zwei Steuerruder halten das Schiff auf Kurs.

Diese Schiffe waren aus frischem, leicht biegbarem Fichtenholz auf Kiel und Spanten gebaut. Sie hatten keine lange Lebensdauer, denn das austrocknende Holz wurde schnell rissig. Nur der Kiel war aus festerem Eichenholz. Das rechteckige Segel war am Rand mit einem Saum aus Leder oder Tauwerk verstärkt.

Einer der bedeutendsten Seefahrer der Antike war der Grieche Pytheas aus Massilia.

Am Ende des vierten vorchristlichen Jahrhunderts unternahm er eine Entdeckungsreise, die ihn weit über die Grenzen der damals bekannten Welt hinausführen sollte. Auf der Suche nach dem Ursprung des begehrten Zinns erreichte er als erster Grieche die Britischen Inseln und stieß auf ein Land hoch im Norden – wahrscheinlich Skandinavien – das er Thule nannte. Für lange Zeit blieb es geheimnisvoll und sagenumwoben.

Während seiner kühnen Fahrt beobachtete er regelmäßig die Sterne, untersuchte ihre Stellung zueinander und machte genaue Aufzeichnungen über seine Reise. Viele Jahrhunderte lang blieb man für die Darstellung der Welt in Karten auf seine Entdeckungen im nördlichen Teil der Erde angewiesen.

Die Thraniten saßen zuoberst. Sie waren Edle und taten im Kampf auch als Soldaten Dienst.

Schräg hinter ihnen saßen an gleichlangen Rudern (4,5 Meter) die Zygiten. Sie gehörten zur Schiffsbesatzung.

Im stickigen Schiffsinnern ruderte ein Deck tiefer die dritte Gruppe. Es waren die Thalamiten, die als Kriegsgefangene

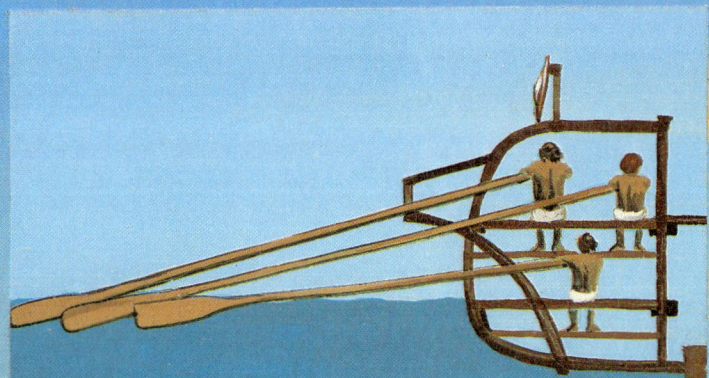

13 **Die hölzerne Mauer des Themistokles** war die Rettung Griechenlands vor den Persern. Dieser Feldherr und Politiker hatte im Jahr 482 vor Christus einen Orakelspruch so ausgelegt, daß die Heimat nur durch den Bau einer Flotte gerettet werden könne. In aller Eile ließ er 200 der hier gezeigten Dreiruderer oder Triremen bauen, die schneller waren als alle bisher bekannten Schiffe. Lange Zeit konnte man sich die genaue Anordnung der Ruderer nicht erklären. Dieses Relief in einem Tempel auf der Akropolis in Athen ließ mehrere Deutungen zu.

Heute glaubt man, daß je zwei Ruderer auf einer schrägen Bank versetzt zueinander saßen und ein dritter ein Deck tiefer.

oder Sklaven als einzige zu ihrer qualvollen Arbeit gezwungen wurden. Ihre Ruder waren kürzer. Sie mußten deshalb nach jedem Ruderschlag warten, bis sie wieder gleichzeitig mit den Ruderern der oberen Reihe die Ruderblätter ins Wasser tauchen konnten. Ein Taktschläger gab mit Hammerschlägen auf einen Holzpflock die Häufigkeit der Ruderschläge an und konnte auf diese Weise die Geschwindigkeit bestimmen. Alle Ruderer hatten eine harte Ausbildung an Land hinter sich, bei der sie an Holzgestellen übten, ihre Bewegungen gleichzeitig auszuführen.

Fünf Offiziere bestimmten das Geschehen auf dem Schiff. Sie befehligten die 170 Ruderer und 25 Bootsleute, unter denen sich zehn Schwertkämpfer und zwei Bogenschützen befanden.

Siegesgewiß hatte sich der Perserkönig Xerxes im Morgengrauen des 23. September im Jahre 480 vor Christus auf eine Anhöhe vor der Insel Salamis begeben.
Nachdem das benachbarte Athen bereits eingenommen war, wollte er nun von hier aus den Entscheidungsschlag gegen die nur kleine Flotte der Griechen verfolgen.
Doch schon bald mußte Xerxes erkennen, daß der listige Themistokles die schwerfälligen Schiffe der Perser in eine Falle gelockt hatte. Eine neue Kampftaktik machte die wendigeren Triremen schnell zu Beherrschern der Schlacht.
Zuerst fuhren die Triremen dicht an den persischen Schiffen entlang und brachen deren Ruder ab. Nach einer scharfen Wende setzten sie dann zum vernichtenden Rammstoß in die Seite der manövrierunfähigen Perserschiffe an.
Nach dieser Niederlage zog Xerxes auch seine Landtruppen aus Griechenland ab. Eine Belagerung schien ihm ohne Nachschub von See her nicht mehr möglich zu sein.
Dieser Sieg brachte Griechenland ein Jahrhundert unbeschränkter Herrschaft im Mittelmeer ein.

Nicht nur der Bau, auch der Unterhalt einer Flotte war kostspielig.
Weil ihre Arbeit sehr gefährlich war, bekamen alle diejenigen Ruderer, die freie Griechen waren, einen hohen Sold.
Erst in späteren Jahrhunderten wurden die Ruderschiffe allein durch Sklaven angetrieben.
Die griechischen Triremen, die ein Jahrhundert lang fast unverändert gebaut wurden, waren nicht nur Transportfahrzeuge für die Kampftruppen – sie wurden selbst zur gefürchteten Waffe. Der Kampf von Mann gegen Mann wurde durch geschicktes Manövrieren und Rammen der gegnerischen Schiffe abgelöst.

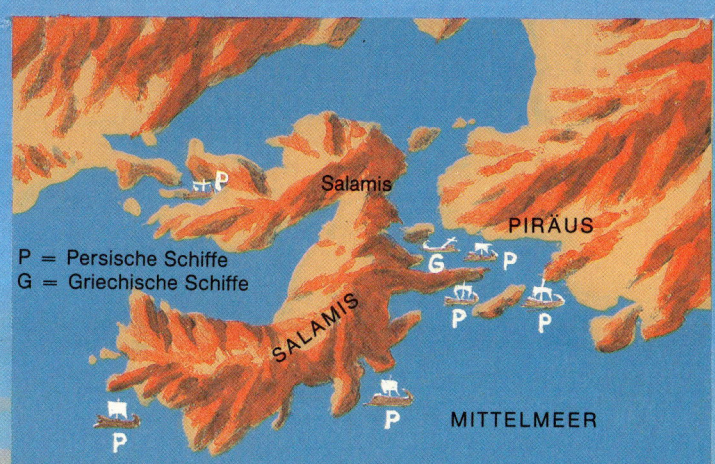

P = Persische Schiffe
G = Griechische Schiffe

Salamis

PIRÄUS

SALAMIS

MITTELMEER

In der Schlacht wurde das große Hauptsegel samt Mast an Land gelassen. Nur das Artemon, das kleine, an einen schrägen Mast am Bug gebundene Segel, wurde beibehalten. Es wurde als Signal gesetzt, wenn ein Schiff fliehen mußte und half den Ruderern, die Fahrt zu beschleunigen.
Die Griechen verbesserten die herkömmlichen Werkzeuge wie Hammer und Säge und führten Wasserwaage, Zirkel, Lot und Metallnägel ein. Damit brachten sie den antiken Schiffbau im Mittelmeerraum zu seiner Blüte.
Das reich verzierte, geschwungene Heck der Triremen hatte für die Griechen hohe kultische Bedeutung.
Im Gegensatz zu den Handelsschiffen wurden die Dreiruderer über Nacht meist vorsichtshalber an Land gezogen.
Bei schwerem Seegang waren sie wegen ihres geringen Tiefganges nämlich in großer Gefahr.
Vielleicht sind mehr Triremen in Stürmen als in Schlachten vernichtet worden.

14 **Ein römisches Binnenmeer** war das Mittelmeer im zweiten Jahrhundert vor Christus geworden.
Anfangs waren die Römer ein Bauernvolk. Erst allmählich bekämpften sie die benachbarten Griechen und Karthager und gewannen schließlich die Herrschaft im gesamten Mittelmeer.
Ihr Handelsnetz aber erstreckte sich noch sehr viel weiter. Aus Arabien kamen Weihrauch und Parfüme, aus Indien Gewürze und Baumwollstoffe und regelmäßig wurden selbst chinesische Häfen angelaufen.
Ostia, der Hafen Roms, war zum Schnittpunkt aller Handelswege im Mittelmeerraum geworden.

Die Kaiser Claudius und Trajan hatten lange Kaimauern und große Lagerhallen für die Güter aus aller Welt bauen lassen. In den größten Hallen wurde das Getreide vom Schwarzen Meer, aus Sizilien und Ägypten gelagert. Aus Gallien, dem heutigen Frankreich, kamen Vieh und Fleisch über den Hafen Marseille. Aus Germanien wurden Hölzer und Felle, selbst Sklaven geholt. Nicht nur lebenswichtige Güter wurden in Ostia angelandet. Viele Schiffe waren mit Luxuswaren für die Reichen Roms beladen: mit Perlen vom Persischen Golf, Honig, Purpurstoffen, Elfenbein, Kranichen, chinesischer Seide und griechischen Weinen.
Für ihre Handelsfahrten benutzten die Römer Segelschiffe, die über 150 Jahre lang unverändert gebaut wurden. Auf Grabmalen reicher Reeder sind uns Abbildungen dieser geräumigen Schiffe überliefert.
Sie waren 30 bis 50 Meter lang und 6 bis 14 Meter breit mit einem Tiefgang von 3 bis 8 Metern.
Der Apostel Paulus erwähnt in einem Bericht über seine Reise nach Rom, daß neben einer großen Weizenlast noch 276 Passagiere an Bord waren.

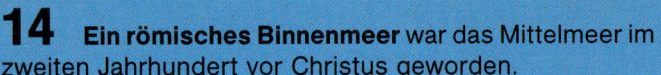

Die größte Ausdehnung
des Römischen Weltreiches (133 vor Christus)

Auch die Römer hatten ihre Kriegsschiffe gegenüber den bisher bekannten Schiffstypen verändert. Nicht nur die Anzahl der Ruderer war verstärkt worden, sondern die Zahl der mitfahrenden Soldaten betrug oft mehr als 200. Um diesen Truppen die Möglichkeit zu geben, die vom Land her vertraute Kampftaktik auf das Meer übertragen zu können, hatte man die Schiffe mit einer ganz neuen Einrichtung versehen: Auf dem Vorderdeck des Schiffes war an einem Mast eine 12 Meter lange, schwenkbare Enterbrücke befestigt. Ihr oberes Ende war mit Metall beschwert und mit einem Eisenhaken versehen. Sie wurde auf ein feindliches Deck niedergelassen, um so den gefährlichen Rammstoß zu verhindern. Erst einmal festgenagelt, war die feindliche Mannschaft meist den kampfüberlegenen römischen Soldaten schutzlos ausgeliefert.

Auf dem Hinterdeck befand sich ein hölzerner Turm für Bogenschützen, der auch zum Absprung auf das feindliche Deck benutzt wurde.

Mit dieser neuen Ausrüstung zwangen die Römer ihre Feinde auch auf See zum Kampf von Mann gegen Mann und besiegten damit in der Schlacht bei Mylae im Jahre 260 vor Christus die seeüberlegenen Karthager.

Karthago, die phönizische Stadtgründung, hatte das Römische Reich immer mehr an seiner weiteren Ausdehnung gehindert.

Nach der Vernichtung Griechenlands, bei der Karthago noch mit den Griechen verbündete Macht war, blieb die Stadt als einzige Rivalin Roms übrig. In drei Punischen Kriegen (die Römer nannten die Karthager Punier) wurde Karthago zerstört. Vom Jahre 146 vor Christus an war Rom die führende Macht im Mittelmeer.

Für den Kapitän und vornehme Gäste gab es ein Deckshaus auf dem Achterschiff und ein Sonnendach auf dem balkonartigen Vorsprung am Heck.

Die Takelage, das heißt Masten, Segel und Halteleinen, hatte einige Verbesserungen im Vergleich zu früheren Schiffen. Der vordere schräggestellte Bugmast oder Fockmast konnte auch als Lastkran verwendet werden.

Über dem großen Rahsegel des Hauptmastes konnte man noch zwei kleine, dreieckige Topsegel setzen.

Über die Segel liefen Gordings, das sind Taue, mit denen das Segel zur Rah hochgezogen werden kann.

Doch auch diese großen Segelschiffe waren noch auf günstige Winde angewiesen, die oft mit Opfergaben an die Götter erfleht wurden.

Im Jahre 67 vor Christus war die Seeräuberei so stark geworden, daß Roms Versorgung mit Getreide und Sklaven ernstlich gefährdet war.

Deshalb wurde der Tribun Gnaeus Pompejus beauftragt, der Plage ein Ende zu bereiten. Mit 500 Liburnen, kleinen, wendigen Kampfschiffen, 12 000 Legionären und 5 000 Reitern ging er vom Land und von See aus gegen die Schlupfwinkel der Seeräuber vor. Schon nach drei Monaten hatte er seine Aufgabe erfüllt.

Den Kapitänen auf dem Mittelmeer halfen um diese Zeit schon viele Seezeichen und Leuchtfeuer, ihren Kurs zu halten. Der Leuchtturm von Alexandria war sogar als eines der sieben Weltwunder bekannt.

Daneben gab es Segelhandbücher, die Besonderheiten des Küstenverlaufs beschrieben, die sogenannten Periplen.

Im übrigen waren die Seeleute auf das Beobachten der Sterne und ihre Erfahrungen angewiesen.

15 Drachenschiffe am Horizont!

Dieses Signal versetzte im neunten Jahrhundert nach Christus die Bewohner vieler Küstenstädte Europas in Angst und Schrecken.

Die Wikinger oder Normannen, wie jene rauhen Männer aus Norwegen, Schweden und Dänemark genannt wurden, fanden auf dem kargen Boden ihrer Heimat nicht genug Nahrung für die wachsende Bevölkerung. Mit ihren schnittigen Langschiffen schwärmten sie deshalb zu Raubzügen an die Küsten der umliegenden Länder aus. Doch auch weiter im Inland gelegene Städte blieben von ihren Überfällen nicht verschont. Paris wurde zweimal, Hamburg und Köln sogar mehrmals geplündert.

Weil ihre Schiffe nur einen geringen Tiefgang hatten, konnten die Wikinger weit flußaufwärts dringen. Auf der Suche nach fruchtbarem Siedlungsboden gelangten sie bis weit ins Mittelmeer und fuhren die Loire hinauf.

Der Norden Europas aber blieb der Raum, den die Wikinger bis auf den heutigen Tag prägten.

Sie gründeten Dublin, die heutige Hauptstadt Irlands, und ließen sich auf den Orkney- und Shetlandinseln nieder. Auch die entlegenen Färöerinseln besiedelten Wikinger.

Doch ihr Entdeckergeist trieb sie weiter nach Westen. 968 besiedelten sie Island, das vor ihnen nur von irischen Mönchen erreicht worden war.

Einer der berühmtesten Wikinger war Erik der Rote. Er wurde für drei Jahre aus Island verbannt, weil er im Streit zwei Männer erschlagen hatte. Im Mai 982 stach er Richtung Westen in See und gelangte nach stürmischer Fahrt an eine Küste, die von Wiesen und Büschen einladend grün bewachsen war. Er nannte dieses neue Land Grünland und brachte nach seiner Verbannungszeit weitere Siedler auf die Insel, die heute Grönland heißt.

Sein Sohn Leif Eriksson erreichte auf einer anderen Entdeckungsfahrt eine Küste, die er wegen ihrer wilden Weinreben Vinland nannte. 500 Jahre vor Kolumbus hatte er schon den amerikanischen Kontinent entdeckt!

Doch die Wikinger unternahmen nicht nur Raubzüge. Viele ihrer Niederlassungen waren Orte friedlichen Handels. Da sie bis ins Schwarze Meer vorgedrungen waren, konnten sie ihre Metalle, Felle, Hölzer, ihren Bernstein und Honig gegen Güter des Orients tauschen. So gelangten Schmuck und Gewürze aus dem Osten und Weine, Öle und Früchte aus dem Süden auch auf die Märkte des hohen Nordens.

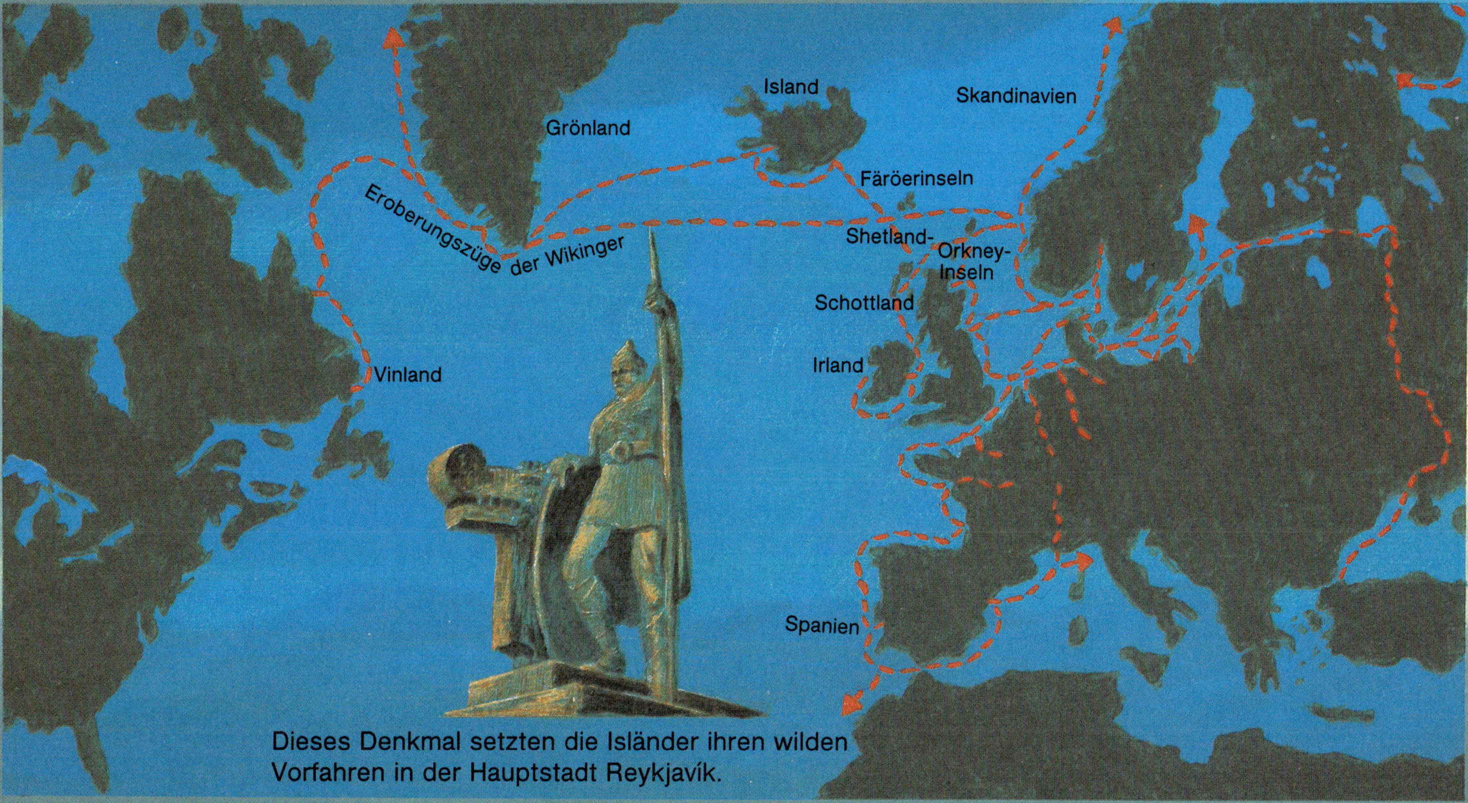

Island
Grönland
Skandinavien
Färöerinseln
Shetland-
Orkney-
Inseln
Schottland
Irland
Eroberungszüge der Wikinger
Vinland
Spanien

Dieses Denkmal setzten die Isländer ihren wilden
Vorfahren in der Hauptstadt Reykjavík.

Die Wikinger glaubten, daß Schiffe auch die Fahrt ins Toten-
reich erleichtern könnten. Einige der Schiffe, in der sie ihre
Könige beisetzten, sind uns bis heute erhalten geblieben.
Das schönste bisher gefundene Schiff ist das in einem Grab-
hügel in Norwegen entdeckte Oseberg-Schiff, das in einem
Museum in Oslo zu bewundern ist. Es ist 21 Meter lang und
in der Mitte 5 Meter breit. Die zwölf Planken auf jeder Seite
und der starke Kiel bestehen aus festem Eichenholz. Dreißig
Ruderer konnten es antreiben, wenn es nicht mit seinem
großen Rahsegel aus Leder oder Leinen den Wind
ausnutzte. Die Löcher für die Riemen in der obersten Planke
konnten während des Segelns verschlossen werden. Ein
Steuerruder war achtern an der rechten Bordwand angebracht. Seit jener Zeit nennt man die rechte Seite eines
Schiffes Steuerbord. Die linke Schiffsseite heißt Backbord.

Diese Abbildung zeigt einen Querschnitt durch das
Oseberg-Schiff. Die Planken sind nicht, wie im Mittelmeerraum, glatt gegen die Spanten genagelt, sondern
überlappen sich wie Dachziegel. Diese Bauweise nennt
man Klinkerbau. Mit Tauen oder Weidenruten waren die
Planken an die Spanten gebunden, nur die beiden oberen
Planken waren an die Spanten genagelt. Der Mast ruhte in
einem schweren Block aus Eichenholz, der Mastfischung,
die den Druck des Windes auf das feste Spantengerüst
übertrug.

16 **Wohlstand durch Heringe** erlangten die deutschen Städte der Ostseeküste im dreizehnten und vierzehnten Jahrhundert. 1356 schlossen sie sich in Lübeck zur „Hanse der Deutschen" zusammen, um die weiten Gebiete östlich der Elbe für den Handel zu erschließen. Schon bald gehörten auch Städte der Nordseeküste und des Binnenlandes der Hanse an.

Das Schiff der frühen Hansezeit war die Kogge. Von 1200 bis 1400 war sie das wichtigste Frachtschiff auf Nord- und Ostsee. Sie war hochbordiger und breiter als die Wikingerschiffe. Die wichtigste Neuerung bestand aber in einer kräftesparenden Steuerung.

Die Koggen hatten zum erstenmal ein Heckruder in der Schiffsmitte, das durch einen langen Balken, die Ruderpinne, vom Achterdeck aus bedient werden konnte. Mit ihr konnte man eine sehr viel größere Hebelwirkung erreichen.

Die oben gezeigten Stadtsiegel von Strahlsund (1329), Elbing (1350) und Danzig (1400) zeigen den Stolz der Hansestädte auf ihre Koggen, denen sie allen Wohlstand verdankten.

1962 wurde im Schlick der Weser eine Kogge gefunden, die um 1380 auf einer Bremer Werft gebaut worden war. Sie ist heute als einziges Beispiel für ein Lastschiff aus der Hansezeit im Deutschen Schiffahrtsmuseum in Bremerhaven ausgestellt. Mit 23,5 Metern Länge ähnelt sie noch den Wikingerschiffen, hat aber mit 3 Metern einen größeren Tiefgang und ist 7,5 Meter breit. Ihre Tragfähigkeit betrug ungefähr 120 Tonnen. Der Rumpf ist mit breiten Eichenplanken im Klinkerbau gefertigt. Die Planken sind mit Holzdübeln an die Spanten aus krummgewachsenem Holz genagelt und die Fugen von innen abgedichtet.

Um 1400 wurde die Kogge durch den sogenannten „Hulk" oder „Holk" abgelöst. Seine größere Segelfläche verteilte sich auf drei Masten. Die Hulke trugen zum Schutz von Piraten bereits Kanonen auf dem Deck des tiefer gelegenen Mittelschiffes, dem sogenannten Kuhl.

Zur Blütezeit der Hanse waren nicht weniger als 3000 Städte miteinander durch Handel verbunden.

Lübeck spielte durch seine Lage von Anfang an eine führende Rolle unter den Hansestädten. Hier endeten die Binnenstraßen von Magdeburg und Braunschweig, auf denen Holz und Getreide an die Ostsee gebracht wurden. Das nahegelegene Lüneburg lieferte das für den Transport der Heringe nötige Salz. Ein Kanal zwischen Lübeck und der Elbe verband die Nordsee mit der Ostsee und verkürzte die Reisezeit nach Westeuropa.

Die norwegische Stadt Bergen wurde unter Lübecks Einfluß zum Mittelpunkt des Skandinavienhandels. Getreide, Bier, Wein und Südfrüchte wurden hier gegen Holz, Wild und Stockfisch getauscht.

Über Brügge waren die Hansestädte an den Handel mit Westeuropa angeschlossen. Flandrische Stoffe, italienische Öle, Seide und Südfrüchte gelangten so in den Norden Europas. Die größte ständige Niederlassung hatten die Deutschen in London. Im sogenannten „Stahlhof" hatten die Koggen einen eigenen, abgegrenzten Hafen am Themseufer.

Selbst das ferne Nowgorod war in das Handelsnetz der Hanse einbezogen. Dieser Holzschnitt zeigt Pelzhändler und Käufer der begehrten russischen Pelze.

Jedes Jahr wurden in der Ostsee riesige Heringsschwärme gefangen und über Hamburg, Danzig und Nowgorod in das gesamte mittelalterliche Europa weiterverkauft. Vom Jahre 1425 an blieben aber die Heringszüge aus und mit ihnen eine bedeutende Quelle des Reichtums der Hansestädte.

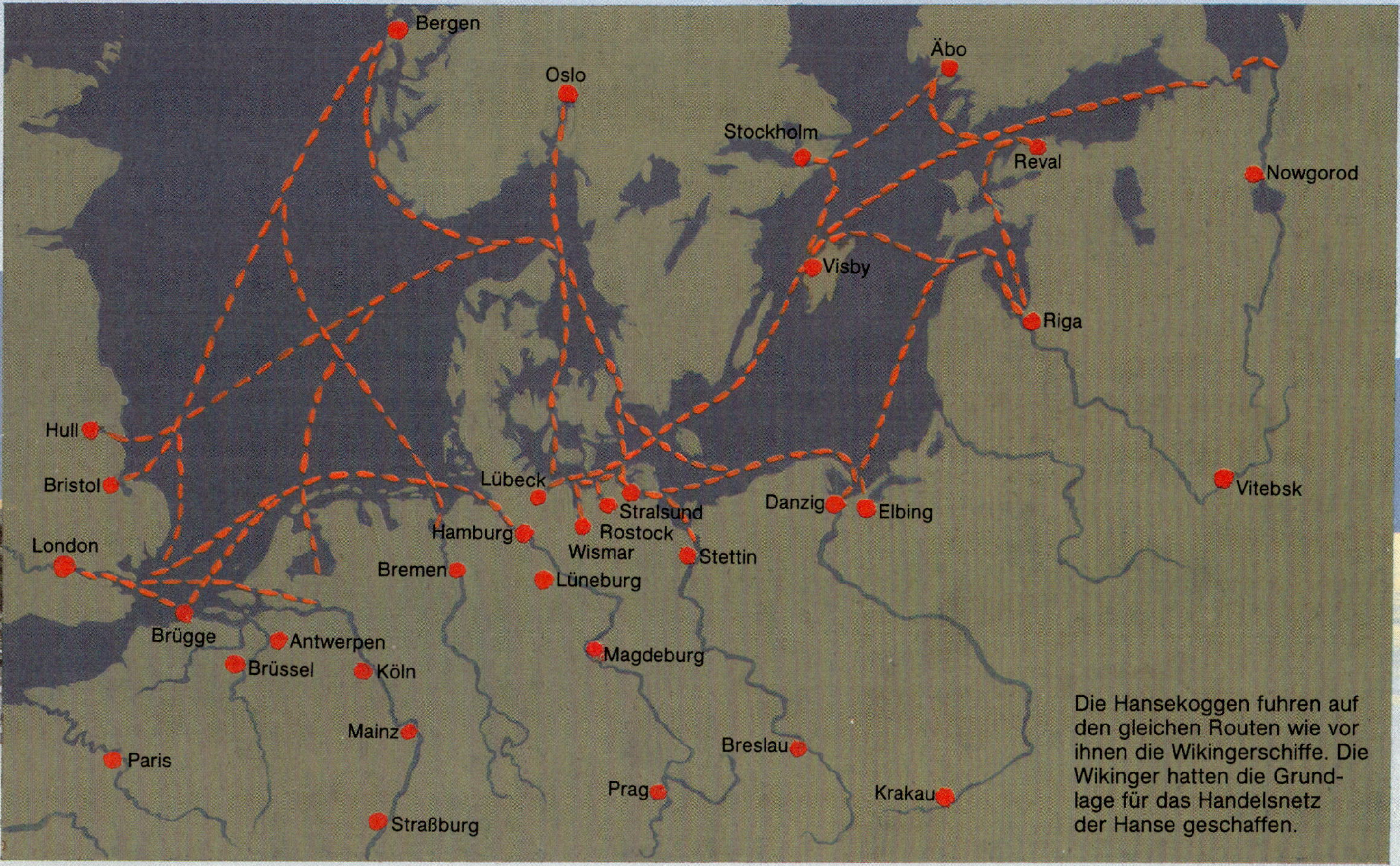

Die Hansekoggen fuhren auf den gleichen Routen wie vor ihnen die Wikingerschiffe. Die Wikinger hatten die Grundlage für das Handelsnetz der Hanse geschaffen.

Unter der Losung „Gottes Freund und aller Welt Feind" kämpften Seeräuber gegen die reichen Kaufleute der Hanse.

Häufig waren sie mit Kaperbriefen versehene Freibeuter, die zuvor im Auftrage einer Stadt oder eines Fürsten zu Kriegszeiten feindliche Schiffe überfallen hatten.

In Friedenszeiten aber führten sie ihren Seeraub auf eigene Faust weiter. Weil sie ihre Beute zu gleichen Teilen untereinander aufteilten, nannten sie sich „Likendeeler". Ab 1350 waren sie sogar in der Lage, Gotland einzunehmen und den Hafen Wisby zu ihrem Stützpunkt zu machen. Von hier aus bedrohten sie die Nord- und Ostsee. Erst 1401 konnte ihr Anführer Klaus Störtebeker gefangengenommen werden. Er wurde mit seinen Kumpanen im Hamburger Hafen öffentlich hingerichtet.

dem aus man den Lauf der Gestirne studieren konnte. Mathematiker, Kartographen, Geographen und Ärzte bereiteten von nun an die Erkundungsfahrten wissenschaftlich vor und werteten ihre Ergebnisse aus.

Einundzwanzigjährig zeichnete sich Heinrich, der vierte Sohn König Johanns I., bereits durch besondere Tapferkeit aus, als 1415 die maurische Stadt Ceuta im Norden Marokkos von den Portugiesen erobert wurde.

Er wurde sogar zum Verwalter Ceutas ernannt und beauftragt, sie gegen weitere Angriffe der islamischen Mauren (so nannte man das islamische Mischvolk aus Berbern und Arabern) zu verteidigen.

Damit war Portugal näher an das Gold gerückt, das auf unbekannten Wegen aus dem Innern des geheimnisvollen Kontinents Afrika an die Küsten des Mittelmeeres gelangte. Da der Weg durch die Wüste zu verlustreich erschien, entschied sich Heinrich, den Ursprung des Goldes entlang der afrikanischen Westküste zu erforschen.

Bei dieser Suche drangen seine Kapitäne weiter nach Süden vor als jemals Seeleute vor ihnen.

Heutzutage sind wir gewohnt, weite Strecken des Meeres gefahrlos zu überwinden. Für die Seeleute des fünfzehnten Jahrhunderts aber war die See noch von Ungeheuern beherrscht, die Schiffe mitsamt ihrer Mannschaft in die Tiefe ziehen konnten.

Umso mehr muß man ihren Mut bewundern, auf Heinrichs Befehl die gefürchteten Grenzen zu überschreiten. Es dauerte aber dennoch zwölf Jahre, bis das brandungsreiche Kap Bojador 1434 umsegelt wurde.

Noch weiter südlich, so meinte man, müsse sich die See verdicken und jedes Schiff zum Halten zwingen. Andere fürchteten eine gefährliche Südströmung, die es unmöglich machen würde, in die Heimat zurückzukehren.

Immer wieder bedurfte es der Willensstärke Heinrichs, seine Kapitäne zu neuen Versuchen anzutreiben.

1441 stießen zwei Karavellen Heinrichs in der Bucht des Rio d'Ouro zum erstenmal auf Eingeborene, die man gefangennahm und als Sensation nach Portugal brachte. Menschen

17　**Der Überwinder des Dunkelmeeres** war Prinz Heinrich von Portugal, der von 1394 bis 1460 lebte. Seit der Antike hatte sich die Legende von jenem unüberwindbaren Meer vor der Westküste Afrikas erhalten, das die bewohnbare Zone der Erde von der unbewohnbaren trennen würde. Es hieß, die Sonne würde dort der Erde so nahe kommen, daß sie das Wasser kochen ließe und das Land ausdörrte. Wer zu nahe an jene heiße Zone geriete, müsse bei lebendigem Leibe verbrennen, wie die

dunkelhäutigen Afrikaner zu beweisen schienen. Diesem Aberglauben trat Prinz Heinrich mit seinem Forschungsdrang entgegen.

Sein ganzes Leben widmete er der Erkundung des Meeres und hat dafür den Beinamen „der Seefahrer" bekommen, obwohl er selbst nie ein Schiff betrat.

Er sah seine Aufgabe darin, Expeditionen in bisher unbekannte Gegenden der Erde zu senden und das Wissen seiner Zeit über die Beschaffenheit der Welt zusammenzutragen.

Unweit der Landeshauptstadt Lissabon gründete er in Sagres eine nautische, das heißt schiffahrtskundliche Akademie und ließ das erste Observatorium bauen, von

so dunkler Hautfarbe hatte man zuvor noch nie gesehen! Damit begann der grausame Handel mit dem „Schwarzen Elfenbein", wie die Eingeborenen auf dem Sklavenmarkt genannt wurden. Er wurde eine der wesentlichen Grundlagen dafür, daß das kleine Portugal zur Weltmacht aufsteigen konnte. Auf ihrer Fahrt weiter Richtung Süden fanden die Portugiesen nicht die erwartete verbrannte Erde, sondern eine grünbewachsene Küste, die sie „Kap Verde" nannten.

Zwischen 1456 und 1458 wurden die ihr vorgelagerten Kapverdischen Inseln entdeckt. Vorher waren schon die Azoren und Madeira im Atlantik besiedelt worden. Die Kanarischen Inseln waren für lange Zeit ein Zankapfel zwischen

Portugal und dem benachbarten Kastilien. 1455 bestimmte
Papst Nikolaus V., daß die Inseln für alle Zeiten zu Kastilien
gehören sollten, während das entdeckte und das noch unbekannte afrikanische Land allein Portugal zuerkannt wurde.

Azoren

Lissabon
Sagres

Madeira

Kanarische Inseln

Kap Bojador

Senegal

AFRIKA

Niger

Gambia

Kapverdische Inseln

Kap
Verde

Sierra Leone

Zu Heinrichs Lebzeiten erreichten portugiesische Schiffe
noch die Küste von Sierra Leone und auf den Flüssen
Senegal und Gambia wurde das Landesinnere erforscht.
Heinrich der Seefahrer stand mit seinem unvergleich-
baren Forschungsdrang am Beginn einer Zeit, die heute
als das Entdeckungszeitalter bekannt ist.

18 **Eine Reise, die die Welt veränderte,** unternahm der Genuese Christoph Kolumbus im Jahre 1492. Als gelehrter Seefahrer hatte er sich schon lange mit dem Plan beschäftigt, die unbekannten Länder Asiens auf einem Westkurs über das Meer zu erreichen. Ein ausführliches Studium der alten Schriften, vor allem Marco Polos, hatte ihn von dieser Möglichkeit überzeugt. Jahrelang hatte er vergeblich versucht, die Königshäuser Portugals, Frankreichs und Englands für seine Idee zu begeistern. Schließlich war Königin Isabella von Kastilien bereit, Kolumbus Schiffe und Mannschaften für seine kostspielige Entdeckungsfahrt zu stellen.
Die Karacke Santa Maria, in der Mitte zu sehen, wurde das Flaggschiff des Kolumbus. Es war mit 100 Tonnen das größte der drei Schiffe: 24 Meter lang, 8 Meter breit und hatte einen Tiefgang von nur 2 Metern. 50 Mann Besatzung waren zu ihrer Führung angeheuert worden.

Die beiden anderen Schiffe, Pinta und Nina, waren Karavellen und nur ungefähr 60 Tonnen groß. Ihnen wurden 30 und 24 Mann Besatzung zugeteilt, unter dem Kommando der Gebrüder Pinzon. Als Lohn war Kolumbus ein Zehntel aller zu erwartenden Gewinne versprochen worden.
Im Morgengrauen des 3. August 1492 verließ die kleine Flotte den spanischen Hafen Palos. 2 570 Meilen hatten sie nach Kolumbus' Berechnungen zu segeln, bis sie wieder auf Land stoßen würden. Aus Furcht vor Meuterei führte er zwei Bordbücher. In das für die Königin trug er die tatsächlichen Entfernungen ein. In das Buch für die Mannschaft aber schrieb er geringere Meilenzahlen. Hätten die Matrosen gewußt, wie weit sie von ihrer Heimat

entfernt waren, hätten sie Kolumbus zur Umkehr gedrängt. Nach mehreren Wochen war das geheimnisvolle China aus Marco Polos Beschreibungen immer noch nicht in Sicht gekommen. Vergeblich hielt man nach den Fregattvögeln Ausschau, die sich nie weit auf die offene See wagen.

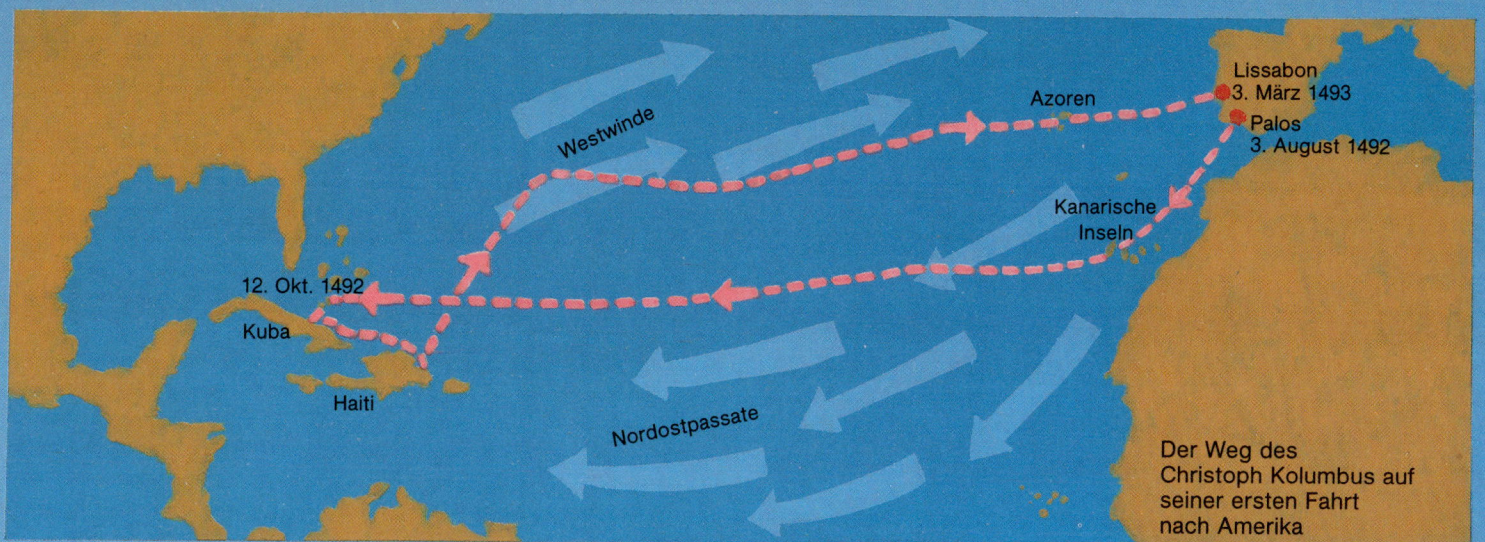

Westwinde
Lissabon
3. März 1493
Azoren
Palos
3. August 1492
Kanarische
Inseln
12. Okt. 1492
Kuba
Haiti
Nordostpassate

Der Weg des
Christoph Kolumbus auf
seiner ersten Fahrt
nach Amerika

Einmal kam es sogar zu einer gemeinsamen Sinnestäuschung, als mehrere Seeleute gleichzeitig behaupteten, am Horizont Land gesehen zu haben. Auch Kolumbus ließ sich von diesem Trugbild gefangennehmen und änderte seinen Kurs. Doch es lag immer wieder nur die Weite des scheinbar endlosen Ozeans vor ihnen.

Endlich, am 11. Oktober, fischte man Pflanzenteile aus dem Wasser und sogar einen Dornenbusch mit roten Früchten. Am Morgen des nächsten Tages kam das langersehnte Zeichen vom Ausguck der Pinta: „Land in Sicht!" Jubel brach an Bord der drei Schiffe aus und voller Erleichterung ließ man sich zu Dankesgebeten auf die Knie nieder. Kolumbus ließ alle Segel einholen. Erst bei Tageslicht ging er mit seinen Gefolgsleuten an Land. Am Strand hatten sich schon viele Eingeborene versammelt, die die Fremden freundlich empfingen. Sie brachten ihnen Papageien, Knäuel von Baumwollfäden und Wurfspeere als Geschenke. Kolumbus nahm im Namen der katholischen Majestäten feierlich von dem Land Besitz und taufte es San Salvador. Es war eine der Bahama-Inseln, die heute Watling-Insel heißt.

Kolumbus nannte die Eingeborenen Indios, denn er glaubte, im Reich des chinesischen Groß-Khans angekommen zu sein, zu dem auch Indien gehörte. Am 28. Oktober erreichte er die Nordküste Kubas, die er für Japan hielt. Überzeugt, nun bald das asiatische Festland zu finden, suchte er weiter. In der Weihnachtsnacht erlitt die Santa Maria vor der Küste von Haiti Schiffbruch. Kolumbus ließ aus ihrem Holz ein Fort bauen, in dem er 43 Offiziere und Matrosen zurückließ. Mit der Nina als neuem Flaggschiff kehrte er, vom Westwind getrieben, über eine stürmische See nach Spanien zurück. Dort wurde er von Königin Isabella in den Adelsstand erhoben und zum Vizekönig über alle entdeckten Länder ernannt. Noch im September des gleichen Jahres, 1493, brach er mit einer großen Flotte zur Besiedelung Haitis auf. Zwei weitere Reisen folgten noch, aber Kolumbus fiel bei der Königin in Ungnade, als sie erfuhr, wie ihre neuen Untertanen in ihrem Namen mißhandelt und versklavt wurden. Krank und verbittert starb er im Jahre 1504, ohne zu ahnen, daß er den neuen Kontinent Amerika entdeckt hatte.

Bei der Entdeckung Amerikas, das Kolumbus für Asien hielt, hatten die Spanier den Goldschmuck der Eingeborenen bemerkt. Viele Expeditionen in die Neue Welt folgten nun, um den Ursprung dieses begehrten Metalls zu finden. Dabei lernten die Goldsucher aber auch viele neuen Pflanzen und Früchte kennen.

Bald rauchte man auch in Europa die getrockneten Blätter der Tabakpflanze und Kartoffeln wurden zu Delikatessen an den Höfen der Alten Welt.
Andere Früchte, die gefunden wurden, waren Tomaten, Paprika und Mais, die heute selbstverständlicher Teil des alltäglichen Speisezettels sind.

19 Der Seeweg zu den Gewürzen Indiens

wurde von dem Portugiesen Vasco da Gama gefunden. Er war der Sohn eines Seeoffiziers und gerade erst 30 Jahre alt, als er seine bedeutsame Entdeckungsfahrt unternahm.

Der portugiesische König hatte ihm eine Flotte von drei Schiffen zur Verfügung gestellt, denn er hoffte, nun bald einen direkten Zugang zu den Kostbarkeiten Asiens zu bekommen. Auf der rechten Seite ist die „Sankt Gabriel", das Flaggschiff da Gamas zu sehen. Sie war eine Karacke von 26 Meter Länge, 8,5 Meter Breite und hatte eine Tragfähigkeit von 178 Tonnen. Sie wurde von den Karavellen „Sankt Raphael", unter dem Kommando von da Gamas Bruder Paulo, und „Berrio" begleitet, die nur 120 und 60 Tonnen groß waren. Ein Versorgungsschiff, das für 120 Tage Verpflegung an Bord hatte, vervollständigte die kleine Flotte.

Am 8. Juli 1497 verließen die 148 Seeleute da Gamas den Hafen von Lissabon. Erst am 22. November erreichten sie das Kap der Guten Hoffnung, die Südspitze Afrikas. Neun Jahre zuvor war schon der Portugiese Bartolomeo Diaz bis hierher gelangt und hatte erkannt, daß es möglich war, Indien auf dem Seewege zu erreichen.

Er hatte diese Landspitze „Kap der Stürme" genannt, und auch Vasco da Gamas Flotte hatte hier mehrere Tage lang gegen die Naturgewalten anzukämpfen.

Dies ist eine Seite aus Vasco da Gamas Bordbuch, die Ereignisse während der Fahrt nach Indien zeigt

An der Mündung des Sambesi konnten die Schiffe nach sieben Monaten auf See zum erstenmal an Land gezogen

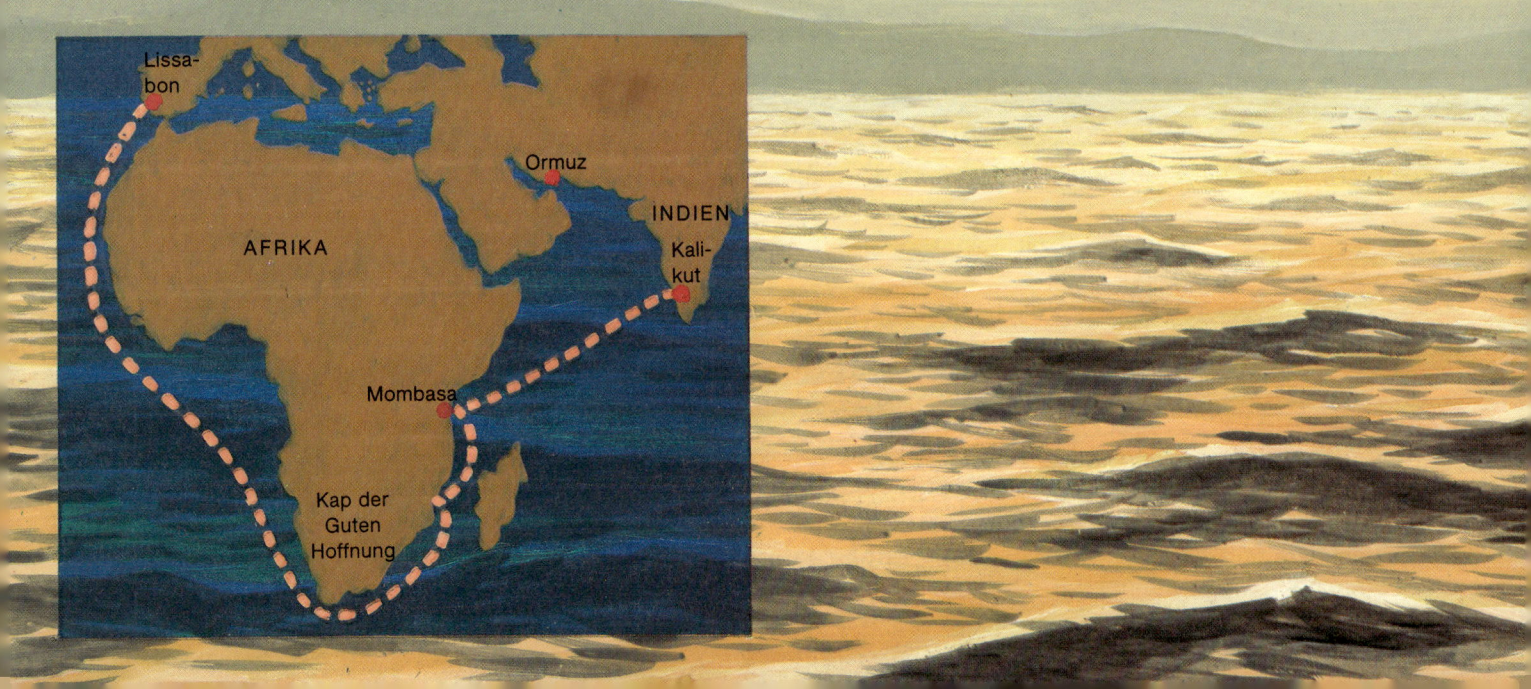

und gesäubert werden. Die Mannschaften erholten sich und nahmen wieder frische Nahrung zu sich.

Dennoch war die weitere Fahrt entlang der Ostküste Afrikas so entbehrungsreich, daß bei der Ankunft in Mombasa nur noch die Hälfte der Seeleute am Leben war. Der Skorbut, die gefürchtete Mangelkrankheit, die immer dann auftrat, wenn die Matrosen zu lange ohne frische Nahrungsmittel leben mußten, hatte diesen hohen Mannschaftsverlust gefordert. Ende April verließ da Gama Mombasa wieder und bewältigte die Fahrt über den Indischen Ozean mit Hilfe eines arabischen Lotsen in nur 23 Tagen. Am 23. Mai lief er in der großen südindischen Hafenstadt Kalikut ein.

Mit der „Berrio", die mit Gewürzen und Edelsteinen beladen war, kehrte da Gama am 29. August 1488 nach Lissabon zurück, wo er als Held jubelnd begrüßt wurde.

Schnell errangen die wendigen, kanonenbestückten Karacken die Herrschaft über den Indischen Ozean. Bald schon festigte eine Kette von Stützpunkten und Niederlassungen entlang der Indienroute die Macht des kleinen Landes Portugal. Als 1515 die arabische Bastion Ormuz erobert wurde, hatten die Portugiesen auch ihre einzigen Konkurrenten im Handel mit den Gewürzländern ausgeschaltet. Von nun an konnte Portugal die Preise auf den europäischen Märkten bestimmen und Lissabon wurde das Zentrum des Welthandels.

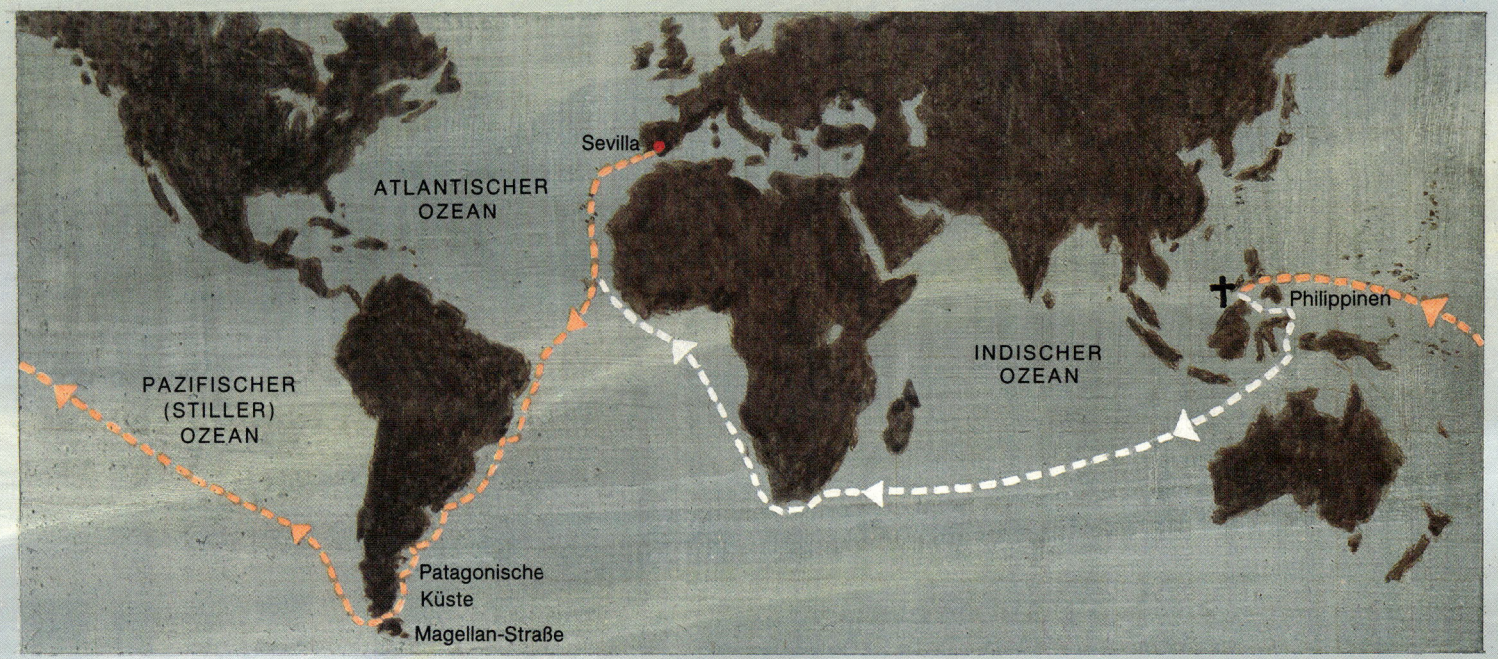

Sevilla

ATLANTISCHER
OZEAN

PAZIFISCHER
(STILLER)
OZEAN

INDISCHER
OZEAN

Philippinen

Patagonische
Küste

Magellan-Straße

20 **Die Krönung der Entdeckungsfahrten** war eine

Expedition unter dem Portugiesen Fernão de Magalhães, bekannt als Magellan. Zu Beginn des sechzehnten Jahrhunderts suchten die Spanier immer noch einen westlichen Seeweg nach Indien.
Vergeblich fuhren sie die Küsten der von Kolumbus entdeckten Neuen Welt entlang. Nirgendwo schien es eine Durchfahrt zu den Gewürzinseln zu geben.

Am 20. September 1519 stach Magellan mit einer Flotte von fünf Schiffen von Sevilla aus zu einer weiteren Suchfahrt in See. Er hatte Nautik und Geographie studiert und war in spanische Dienste Karls V. übergetreten. Er hatte den König davon überzeugt, daß es eine Westroute geben könnte, die das portugiesische Hoheitsgebiet nicht verletzen würde – denn die Welt war von Papst Alexander VI. in eine spanische und eine portugiesische Hälfte geteilt worden. Wie seine Vorgänger segelte Magellan nach der Überquerung des Atlantiks die Ostküste Südamerikas entlang. Im März 1520 war er weiter südlich vorgestoßen als je ein Kapitän vor ihm. Zum erstenmal in der Geschichte der Entdeckungsfahrten mußte an eine Überwinterung gedacht werden. Magellan entschied, in Argentinien an der patagonischen Küste auf

49 Grad südlicher Breite (unweit von Kap Hoorn) für fünf Monate Winterquartier zu beziehen.
Hier kam es zur Meuterei der spanischen Kapitäne gegen ihren portugiesischen Kommandanten. Ihm gelang es aber, den Aufstand niederzuschlagen und die Gewalt über die Flotte zurückzugewinnen. Am 24. August wurden die Segel wieder gesetzt. Auf der Weiterfahrt Richtung Süden ging auf dem 50. Breitengrad das erste Schiff, die „Santiago", verloren. Nun reichte der Proviant nur noch für drei Monate. Am 21. Oktober erreichte Magellan den Eingang der Meeresstraße, die später nach ihm benannt wurde. In dem Wirrwarr von Buchten und Meeresarmen blieb eines der Erkundungsschiffe, die „San Antonio", im Nebel verschollen. Wieder wollten die verängstigten Seeleute die Rückkehr erzwingen.

Und wenn sie alle das Leder der Segel essen müßten, fuhr Magellan sie an, er werde durch diese Straße segeln. Bei Todesstrafe verbot er allen, von Umkehr oder knappen Vorräten zu sprechen.
Diese Abbildung zeigt ihn mit Zirkel und Globus an Bord seines Flaggschiffes „Trinidad". Erst nach fünf Wochen hatten die drei Schiffe die 400 Seemeilen der Ost-West-Passage bewältigt.
Weil das Meer, in das Magellan nun gelangte, frei von Stürmen war, nannte er es den „Stillen Ozean".

Für lange Zeit ging nun die Fahrt in nordwestlicher Richtung weiter, ohne daß eine der vielen Inseln des neugefundenen Ozeans gesichtet wurde.

Ein Mitreisender schrieb in sein Tagebuch: „Wir fuhren drei Monate und zwanzig Tage, ohne Frischproviant zu uns zu nehmen. Der Zwieback war zu Staub zerfallen, voller Maden und Rattendreck. Das Trinkwasser war trübe und übelriechend.

Wir aßen selbst das Leder der Marsrah, das beständig dem Wetter ausgesetzt war. Es mußte erst tagelang in Seewasser eingeweicht werden, bevor es, in glühender Asche geröstet, genießbar wurde.

Ratten bildeten einen Leckerbissen und wurden mit einer halben Krone das Stück bezahlt. Zu allem Unglück kam noch der Skorbut hinzu, an dem neunzehn Menschen starben. Hätten uns Gott und seine Heilige Mutter auf dieser langen Fahrt nicht gutes Wetter geschenkt, so wären wir wohl alle in diesem weiten Meer umgekommen. Ich glaube, daß kein Mensch noch einmal wieder eine solche Reise unternehmen wird!"

Als Magellan endlich auf die Inselgruppe der Marianen stieß, waren die Überlebenden so geschwächt, daß sie kaum die Segel bedienen konnten. Von den Eingeborenen wurden sie freundlich aufgenommen und endlich war Zeit, die Schiffe, wie es rechts oben zu sehen ist, zu überholen. Die Außenbordwände wurden gereinigt, neu abgedichtet und geteert, kalfatert, wie man es in der Seemannssprache nennt.

Auf weiterem Westkurs erreichten die drei Schiffe die Philippinen. Bei dem Versuch, die Inselbevölkerung zum Christentum zu bekehren und zu Untertanen der spanischen Krone zu machen, kam Magellan mit vielen seiner Leute ums Leben. Mit nur einem Schiff, der „Viktoria", trat der Kapitän D'Elcano, von Seeräubern bedroht, die weite Heimreise über den Indischen Ozean an. Am 18. September 1522 war die 46 800 Seemeilen lange Fahrt zu Ende. Von den 237 Mann Besatzung hatten nur 18 die erste Weltumsegelung überlebt.

21 **Raben als Wegweiser** benutzte der Wikinger Floki Vilgjerdarsson, der als einer der ersten Norweger nach Island segelte. Immer, wenn er Land vermutete, ließ er seine Raben aus dem Käfig. Stiegen sie nur in die Lüfte, ohne sich weit vom Schiff zu entfernen, wußte er, daß noch kein Land in der Nähe war. Flogen sie aber mit festem Ziel davon, folgte er ihnen mit seinem Schiff, denn er konnte sicher sein, bald an eine Küste zu kommen. Dieses war, neben der Beobachtung von Wind und Wellen, eines der frühesten Hilfsmittel, sich auf der Weite des Meeres zu orientieren.

Sich auf dem Meer zurechtzufinden und einen Kurs zu halten, nennt man Navigation. Über die Anfänge dieser Kunst ist nur wenig überliefert. Auch die Erfindung des Kompasses – der wichtigsten Hilfe für jeden Steuermann – liegt im Dunkeln. Bekannt ist aber, daß die Chinesen schon sehr früh ein mit einer magnetischen Stahlnadel versehenes Schilfröhrchen benutzten, das in einer Wasserschale schwamm und, wie ein Kompaß, die Nordrichtung angab.

Im Mittelmeerraum bekam er im vierzehnten Jahrhundert die hier gezeigte Form. Nicht mehr nur der Zeiger, sondern die Scheibe mit den Himmelsrichtungen, die Windrose, drehte sich von nun an um die Mittelachse. Die Beobachtung des nächtlichen Sternenhimmels und der Sonne waren ebenfalls frühe Steuerhilfen.

Eine Fahrt von Ost nach West zum Beispiel war auch ohne Kompaß möglich, wenn man den Stand des Polarsterns beachtete. Behielt er Nacht für Nacht die gleiche Höhe zum Horizont, dann segelte man auf einem direkten Ost-West-Kurs.

Die Höhe der Sonne oder eines Sterns wurde anfänglich mit einfachen Vergleichsgrößen gemessen, einer ausgestreckten Hand etwa oder einem Speerschaft. Doch bei weiteren Reisen wollten die Seefahrer den Stand ihres Schiffes zuverlässiger bestimmen können.

Dieser Seemann aus der Zeit Prinz Heinrichs benutzt bereits einen Quadranten, der die Sternenhöhe in Graden genauer angibt.

Seit die Erdoberfläche mit einem gedachten Liniennetz in Längen- und Breitengrade eingeteilt worden war, konnte mit einem Astrolabium (links) die Position eines Schiffes besser bestimmt werden. Dieses Gerät ermöglichte es, die Sternenhöhe zu messen und zugleich den Breitengrad zu ermitteln, auf dem man sich befand.

Hier benutzt ein Seemann einen Jakobsstab, der auf den schwankenden Schiffen einfacher zu handhaben war als die Astrolabien. Die Höhe eines Sterns wurde über den kürzeren Holzstab anvisiert und auf dem längeren abgelesen.

Mit der Sanduhr und Log war es möglich, die Fahrt, wie man die Geschwindigkeit eines Schiffes nennt, zu messen. Dazu warf man das Log aus Holz über Bord und zählte die Knoten der Logleine, die in einer bestimmten Zeit durch die Hand glitten. Seit jenen Tagen hat sich die Bezeichnung „Knoten" erhalten. Ein Knoten heißt, eine Seemeile (1 852 Meter) in einer Stunde zu fahren.

Auch ein anderer Begriff aus jener Zeit wird heute noch gebraucht. Die Aufgabe des Jüngsten an Bord war es, die Sanduhr, die auch Stundenglas genannt wurde, zu bedienen. Immer, wenn sie nach einer halben Stunde abgelaufen war, mußte er sie umdrehen und die Zeit ausrufen. Dabei schlug er an eine Glocke. Die Zeit an Bord eines Schiffes wird auch heute noch in „Glasen" angegeben.

Auf dem „Steckkompaß" (rechts) konnte der gefahrene Kurs festgehalten werden. Er half, beim Wachwechsel des Steuermanns den richtigen Zielkurs zu halten.

Seekarten wurden erst um 1300 im westlichen
Mittelmeerraum eingeführt. Vorher hatte es nur
Segelanweisungen gegeben, die für die küsten-
nahe Seefahrt Angaben über Häfen, Landvor-
sprünge und vorherrschende Winde enthielten.
Bei einigen Häfen waren sogar Art und Preise
der gehandelten Waren aufgeführt.
Der Ägypter Ptolemäus hatte allerdings schon um 150 nach
Christus eine Weltkarte gezeichnet, die ein Netz von Linien
enthielt, das später für die Orientierung auf See so wichtig
werden sollte. Diese Karte war in Vergessenheit geraten, bis
der neue Wissensdurst der Mittelmeervölker dafür sorgte,
daß man sie wieder beachtete.
Im vierzehnten Jahrhundert bildeten sich in Italien und auf
Mallorca Zeichnerschulen, in denen Seekarten, sogenannte
„Portolane", hergestellt wurden. Sie waren auf dauerhaftem
Schafspergament gezeichnet und gingen für zwei Jahrhunderte von Hand zu Hand.

Hier ist ein Ausschnitt
einer portugiesischen
Karte von 1563 zu sehen,
der eine Salzkarawane
im Innern Afrikas zeigt.

22 **Die letzte große Galeerenschlacht** fand 1571 zwischen den Türken und der Flotte der Heiligen Liga statt. Im Jahre 1453 war Konstantinopel von den Türken erobert worden. Damit war eine Bastion des Christentums dem Islam zugefallen. Wegen der Uneinigkeit der christlichen Mächte gelang es den Türken, weiter in das östliche Mittelmeer vorzudringen. 1517 wurde Alexandria eingenommen und danach ganz Ägypten. Nun waren die italienischen Seestädte, die seit den Kreuzzügen zu den führenden Handelsmächten geworden waren, von den Schätzen des Ostens abgeschnitten.

Als 1570 Sultan Selim II. das venezianische Zypern besetzte, bildeten die aufgeschreckten christlichen Mächte eine Notgemeinschaft. Unter Drängen von Papst Pius V. schlossen sich die befeindeten Stadtstaaten Genua und Venedig mit dem Spanien Karls V. zur „Heiligen Liga" gegen den Islam zusammen. Don Juan d'Austria, ein junger Mann von 25 Jahren, wurde zum Befehlshaber über die Flotte der Liga ernannt. Ihm standen 200 Galeeren, 6 Galeassen (besonders große Ruderschiffe) sowie weitere 100 Versorgungsschiffe zur Verfügung. Im Golf von Korinth bei Lepanto traf seine Flotte am 7. Oktober 1571 auf die zahlenmäßig überlegene türkische Flotte unter Ali Pascha. In einem erbitterten Kampf wurde die islamische Übermacht besiegt.

GRIECHENLAND

Lepanto

Ägypten

Spanien und Neapel

Venedig

Malta und päpstliche Galeeren

Türkisches Zentrum

Galeassen

Genua

Schlachtaufstellung und Herkunft der Galeeren

Algerien

Diese blutige Schlacht, bei der mehr als 35 000 Menschen umkamen, hatte der Christenheit wieder die Vorherrschaft im Mittelmeer eingebracht.

Die Galeeren, die bei der Schlacht von Lepanto die entscheidende Rolle spielten, hatten sich seit der Antike kaum verändert. Obwohl die Handelsschiffe schon seit langem mit Segeln fuhren, blieben Galeeren, hauptsächlich von Ruderern angetrieben, bis zum Ende des sechzehnten Jahrhunderts die Kriegsschiffe des Mittelmeeres.

Allein das reiche Venedig hatte auf dem Höhepunkt seiner Macht eine Flotte von 100 Staatsgaleeren. Es besaß mit dem „Arsenal" auch die führende Schiffswerft seiner Zeit. In ihm waren vorgefertigte Schiffsteile gelagert, die den Bau einer Galeere in nur wenigen Tagen ermöglichten. Der antike Rammsporn war durch einen kräftigen Steven ersetzt worden. Auf den 40 Meter langen Schiffen ruderten je drei Mann in einer Gruppe an drei Riemen. Da die Galeerenmannschaften häufig aus Freiwilligen bestanden, waren Galeeren zuverlässige Kriegsfahrzeuge.

Zu Beginn des sechzehnten Jahrhunderts wurden in Venedig auch die Großgaleeren, die „Galeassen" erfunden. Sie waren 70 Meter lang, 16 Meter breit, tiefgehender und wesentlich hochbordiger als die Galeeren. Auf dem Vor- und Achterkastell war Platz für die Feuergeschütze geschaffen worden, die bei Lepanto zum erstenmal eine entscheidende Rolle gespielt hatten. Auf dem unteren der beiden durchgehenden Decks saßen die geschützten Ruderer. Das obere Deck war den Antreibern und den Soldaten vorbehalten.

Galeassen hatten bis zu drei Masten mit großen Lateinersegeln. Als die Segeltechnik und die Treffsicherheit der Kanonen im siebzehnten Jahrhundert verbessert wurden, verloren die Ruderschiffe ihre Aufgabe.

Reichverzierte, prunkvolle Staatsgaleeren dienten den Mittelmeerstaaten nur noch als Schaustücke ihrer Macht. Besonders berühmt war der „Buccentaur", der oben zu sehen ist. Er wurde vom Dogen von Venedig zu alljährlich wiederkehrenden Festlichkeiten eingesetzt. Dieses große Prunkschiff überlebte sogar die venezianische Republik.

23 **Eine Hölle von Fäulnis und Enge** war das Leben an Bord für die Seeleute des Entdeckungszeitalters. Wenn sie den Heimathafen verließen, wußten die Matrosen genau, daß nicht alle zurückkehren würden. Weil sie sich aber in den fernen Ländern Reichtümer erhofften, nahmen sie die Qualen einer langen Seereise in unbekannte Gewässer auf sich.

Die tägliche Arbeit an Bord war hart und gefährlich. Kam ein Sturm auf, mußten die Matrosen schnell die Wanten (seitliche Stütztaue des Mastes) emporklettern und die Segel einholen, damit sie nicht vom Wind zerfetzt wurden. Mancher Seemann stürzte bei dieser Arbeit von den schwankenden Rahen in die kalten Meeresfluten oder zerschmetterte auf dem Schiffsdeck.

Doch auch im Schiffsinnern lauerten Gefahren. Damit die Schiffe gut im Wasser lagen, führte man Ballast aus Sand und Steinen mit, der nur selten erneuert wurde und übel stank. Hinzu kam der Geruch von Talg, giftiger Ölfarbe, Fischtran, Teer und Schwefel, mit deren Gemisch der Schiffsboden eingestrichen war, um ihn gegen Bohrwürmer zu schützen. Hier, im stickigen Dunkel, in dem auch aller Proviant sowie Segel, Taue und Werkzeuge lagerten, war die Brutstätte von Ungeziefer und Ratten. Da ständig Wasser durch die Schiffswand drang, war es eine der unangenehmsten Aufgaben, das modrige Wasser aus dem Schiffsinnern zu pumpen. Dabei wurden die Seeleute von Ungeziefern befallen und bekamen ansteckende Krankheiten.

Die gefürchtetste von allen aber war der Skorbut, der auf den langen Fahrten die meisten Opfer forderte. Bei den ersten Handelsfahrten nach Indien kam ein Drittel der Besatzung allein durch ihn ums Leben. Wurde nur jeder fünfte an Bord von dieser Krankheit befallen, sprach man schon von einer erfolgreichen Fahrt.

Wenn die tägliche Arbeit an Deck auch nicht gefährlich war, so war sie doch quälend gleichförmig und stumpfsinnig. So gut es in der Enge ging, mußten die Decks saubergehalten werden, die Segel bedient und geflickt und die Takelage überholt werden.

Der Steuermann oder Rudergänger führte die schwere Ruderpinne nach Zurufen vom Offiziersdeck, das sich über ihm befand. Ein Matrose auf dem Niedergang – so nennt man die Treppen zwischen den Decks – wiederholte dem Steuermann die Befehle des Kapitäns. Alle vier Stunden wurde die Wache an Bord abgelöst. War die anstrengende Tagesarbeit getan, konnte sich der Seemann nicht auf einen behaglichen Schlafplatz freuen. Wo immer er einen freien Fleck auf dem Deck fand, hockte er sich zur Ruhe hin, denn um sich ganz auszustrecken, reichte der Platz nicht aus. Wenn er trotz des knarrenden Schiffes und der beißenden Flöhe endlich Schlaf gefunden hatte, schreckte ihn vielleicht ein kalter Regenguß auf, dem er schutzlos ausgeliefert war. Häufig mußten die Seeleute tagelang in nassen Kleidern arbeiten, essen und schlafen, denn sie besaßen nur das, was sie auf dem Leibe trugen.

Diese elenden Lebensumstände trieben die Mannschaften oft zur offenen Meuterei gegen den Kapitän, der sie unbekannten Meeren ausgesetzt hatte. Immerhin besaß er, so wie der Steuermann, eine eigene Kabine und bekam auch eine etwas abwechslungsreichere Kost als die einfachen Seeleute.

Auf Meuterei stand jedoch die Todesstrafe. Zur Warnung der Mannschaft wurde sie vor aller Augen vollstreckt. Eine andere Art der Bestrafung war des Kielholen. Dabei wurde der verurteilte Seemann an ein Tau gebunden, von der Bordwand ins Meer gestoßen, unter dem Kiel durchgezogen und an der anderen Bordseite wieder auf Deck geholt. In vielen Fällen kam auch das der Todesstrafe gleich.

Der für die monatelangen Entdeckungsreisen geladene Proviant war wenig abwechslungsreich. Hauptsächlich bestand er aus gesalzenem Fleisch, getrocknetem Fisch, hartem Schiffszwieback, Salz, Knoblauch und Olivenöl. Zu trinken gab es Wasser, Bier und Apfelwein.

Der Kapitän bekam außerdem Speck, Gewürze, Backpflaumen und Branntwein. Selten wurden auch lebende Hühner und Schweine mit an Bord genommen. Wegen der Feuergefahr auf den kleinen Holzschiffen wurden die kargen Mahlzeiten meist kalt heruntergewürgt.

Schon nach wenigen Wochen war die Nahrung in einem furchtbaren Zustand. Was die Ratten übriggelassen hatten, war verschimmelt oder vertrocknet. Mit dem ständig eindringenden Seewasser vermischte sich die Reste zu einem schleimigen, von Maden durchsetzten Brei, der ungenießbar war. Auch das kostbare Trinkwasser verfaulte rasch. Nur mühsam konnte während der Fahrt Regenwasser in aufgehängten Matten gesammelt werden. Blieb der Regen aus, verdursteten die Seeleute qualvoll auf den Weiten des Ozeans.

24 **Das Schiff der spanischen Kolonialzeit** war die Galeone. Sie war schlanker als die Karacken der Entdeckerzeit, hatte dafür aber höhere Aufbauten. Ihr Name leitet sich wohl von den um 1530 in Venedig gebauten langen, schmalen „Galeones" her, aber ihr Ursprung ist unbekannt. Um 1550 fand man sie schon in Spanien, Italien und England. Wie alle Schiffe des Mittelmeeres hatte sie glatte Außenwände. Sie war stabil gezimmert und hatte größere Ausmaße als frühere Schiffstypen. Das Verhältnis von Gesamtlänge zu Kiellänge und Breite war 4:3:1. Galeonen wurden als Handels- und als Kriegsschiffe eingesetzt. Die hohen Aufbauten sollten den Soldaten beim Enterkampf ermöglichen, auf das

feindliche Deck zu springen. Gleichzeitig erhöhten sie aber auch die Kentergefahr, sobald der Seegang stärker wurde. Eine Besonderheit des Rumpfes war das „Galion", ein balkonartiger Schiffsschnabel, der sich schräg über den Vordersteven hinausschob. Wie bei der hier gezeigten Galeone war achtern ein zweiter Besanmast, der sogenannte „Bonaventura-Mast" aufgestellt.

Mit dem Erscheinen der Galeonen fiel eine Erfindung zusammen, die den Schiffbau immer mehr bestimmen sollte. Dem französischen Schiffszimmermann Deschanges wird der Einfall zugeschrieben, wasserdicht verschließbare Luken in die Bordwand zu setzen. Dank dieser „Geschützpforten" konnten nun auch schwerere Kanonen unter Deck stehen.

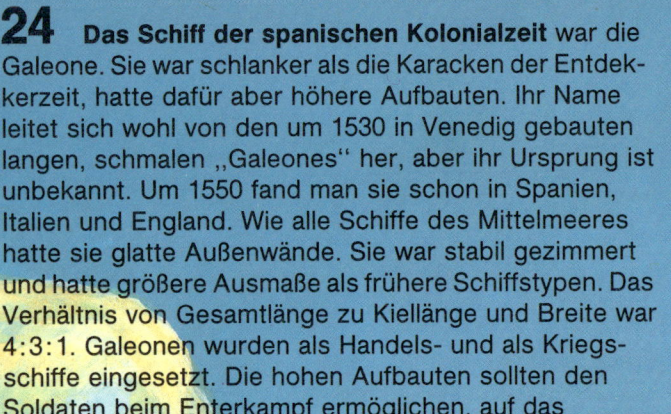

Goldene Schmuckfiguren der Inkas

Die Spanier hatten bald erkannt, daß Kolumbus zwar nicht Indien erreicht, dafür aber eine ebenso vielversprechende „Neue Welt" gefunden hatte. Noch zu seinen Lebzeiten begannen spanische Eroberer, Konquistadoren genannt, die scheinbar unerschöpflichen Gold- und Silbervorräte Amerikas auszubeuten. Zwei Konquistadoren gingen als besonders grausam gegen die Ureinwohner in die Geschichte ein.

Von 1519 bis 1521 eroberte Fernando Cortez, auf dem linken Bild zu sehen, das alte Aztekenreich Mexiko.
Im Jahre 1531 drang Francisco Pizarro, oben rechts, in das märchenhafte Peru vor. Dort waren die Wände und Dächer der Tempel mit Blattgold belegt und die Straßensteine versilbert. In nur drei Jahren hatte Pizarro das stolze Inkareich in den Anden vernichtet. Viele der Inkas, die die hellhäutigen, bärtigen Männer mit ihren großen Schiffen für Abgesandte ihrer Götter hielten, wurden umgebracht. Auch ihren Anführer Atahualpa ließ Pizarro heimtückisch ermorden. Nachdem die Ureinwohner Süd- und Mittelamerikas ihrer Schätze beraubt worden waren, begannen die Spanier damit, die wertvollen Edelmetalle in Bergwerken abzutragen. Weil sie aber die alten Kulturvölker fast ausgerottet hatten, fehlten ihnen nun die Arbeitskräfte. Aus Afrika wurden deshalb Sklaven in die Silberminen Südamerikas gebracht.

Der Gewinn aus dem aufwendigen Menschenhandel zeigte sich schnell. Allein die 1545 entdeckte Silbermine von Potosi in Bolivien ergab 300 Tonnen Silber jährlich. Innerhalb eines Jahrhunderts stieg die Silbermenge des damaligen Europa auf das Fünffache. Vier Fünftel des in Europa umlaufenden Goldes und Silbers stammte aus dem spanischen Amerika. Die halbe Welt war zu jener Zeit spanisch geworden.
Der „Königliche Spanische Oberste Indienrat" wachte über die Verwaltung des riesigen Kolonialgebietes, das die vielfache Größe des Mutterlandes besaß.
Die jährliche Abfahrt der Goldgaleonen war durch einen genauen, den Windverhältnissen entsprechenden Fahrplan festgelegt. Um die kostbaren Gold- und Silbertransporte zu sichern, fuhren neben den Galeonen auch Kriegsschiffe als Geleitschutz mit. Diese Convoyfahrten hatten zugleich die Aufgabe, die Mengen der transportierten Reichtümer zu überwachen, denn nicht alles Gold fand seinen Weg in die königliche Kasse.
Seit der Mitte des sechzehnten Jahrhunderts betrug die Stärke der Flotte bis zu 100 Schiffe. Vom spanischen Hafen San Lucar aus fuhren sie an den Kanarischen Inseln vorbei und folgten der alten Kolumbusroute zu den Westindischen Inseln. Bei der Insel Haiti teilte sich die Flotte in zwei Geschwader. Das kleinere fuhr nach Vera Cruz, um die Schätze Mexikos an Bord zu nehmen. Das größere Geschwader segelte zunächst nach Cartagena im heutigen Kolumbien. Sobald es dort eingetroffen war, wurde der Vizekönig in Lima benachrichtigt. Er setzte eine Flotte, die mit dem Silber Perus beladen war, über den Pazifik Richtung Norden in Bewegung. Ihr Zielhafen war Panama an der Landenge zwischen Süd- und Mittelamerika.
Gleichzeitig traf das von Cartagena kommende Geschwader auf der nördlichen Seite der Landenge im Hafen Portobello ein. Auf streng bewachten Urwaldwegen (siehe unten) wurde die Ladung aus Peru zu den Galeonen im Atlantik gebracht. Nachdem diese beladen waren, trafen sie vor Kuba wieder mit dem Geschwader aus Vera Cruz zusammen und traten gemeinsam die Heimfahrt nach Spanien an.

25 **Freibeuter und königlicher Admiral** in einer Person war der englische Seeheld Francis Drake. Als einer der wagemutigsten Piratenkapitäne hatte er es, in geheimem Auftrag seiner Königin Elisabeth I., besonders auf die spanischen Goldgaleonen abgesehen. Im Jahre 1577 trat er eine Fahrt an, die ihn zu einem der berühmtesten Seefahrer aller Zeiten machte.

Mit einer Flotte von nur wenigen, kleinen Schiffen wollte er klären, ob es einen Südkontinent, südlich der Magellan-Straße, gab, um ihn für die englische Krone in Besitz zu nehmen. Danach wollte er die spanischen Flotten an der Westküste Südamerikas überraschend angreifen und ausrauben. Den spanischen Gesandten am Hofe Elisabeths versuchte man über den wahren Grund der Reise zu täuschen. Die Reisevorbereitungen, so hieß es, dienten einer Handelsfahrt nach Ägypten.

Erst auf hoher See verriet Francis Drake seinen Männern, die er selbst sorgfältig ausgesucht hatte, den Zweck ihrer Fahrt. Ein portugiesischer Lotse führte sie nach Brasilien und von dort zum südargentinischen Hafen Puerto San Julian. Dort mußte Drake, wie 50 Jahre zuvor Magellan, eine Meuterei niederkämpfen, indem er den Anführer, einen Spion Spaniens, hinrichten ließ.

Während dieses Aufenthaltes ließ Drake sein Flaggschiff „Pelikan" neu streichen und auf den Namen „Golden Hind", („Goldene Hirschkuh") umtaufen, um von seiner Spur abzulenken. Bei der Weiterfahrt ging ein Schiff im Sturm unter, andere wurden verschlagen und eines fand den Weg zurück nach England. Nur die „Golden Hind" schaffte es, durch die Magellan-Straße in den Stillen Ozean zu gelangen.

Dieses Mal herrschten aber auch dort Stürme, die Drakes Schiff weit nach Süden trieben. Dabei erkannte er, daß der erwartete Südkontinent nur die äußerste Spitze Südamerikas war. Endlich wieder auf Nordkurs, gelang ihm ein einzigartiger Beutezug entlang der südamerikanischen Westküste. Ohne große Eigenverluste konnte er die spanischen Goldgaleonen kapern und ebenso rasch entkommen, wie er aufgetaucht war. Wütend verriegelten die Spanier die Magellan-Straße mit 23 Schiffen. Jetzt waren sie sicher, dem dreisten Engländer den Rückweg abgeschnitten zu haben. Doch Drake hatte einen kühnen Entschluß gefaßt. Anstatt die bekannte Südroute für die Heimfahrt zu wählen, fuhr er weiter in Richtung Norden an der amerikanischen Westküste entlang. Er hoffte, hier irgendwo die Nord-West-Passage in den Atlantik zu finden, um die Heimreise nach England abzukürzen. Als er aber auf die Höhe des heutigen Vancouver gekommen war, ließ er sein Schiff noch einmal gründlich überholen und entschied, über Asien zurückzusegeln. Seine tüchtige Mannschaft brachte das überladene Schiff sicher über den Stillen Ozean und vorbei am Kap der guten Hoffnung, in den Heimathafen Plymouth.

Eine fast dreijährige Seefahrt, die erste englische Weltumsegelung, war beendet. Noch an Bord seines Schiffes wurde Drake von Königin Elisabeth in den Adelsstand erhoben und in dem folgenden Krieg mit Spanien konnte er als Admiral seinen Ruhm noch vergrößern. Als er 1595 während einer Kaperfahrt an Gelbem Fieber starb, bekam er als Seeheld ein ehrenvolles Begräbnis auf See.

Hier ist eine Nachbildung der „Golden Hind" aus England zu sehen. Wahrscheinlich war sie ein kleines, bewaffnetes Handelsschiff, ungefähr 100 Tonnen groß, 27 Meter lang und sieben Meter breit. Die Masten bestanden aus einem Stück.

Die Takelage war leicht zu bedienen und machte das wendige Schiff zu einem idealen Kaperfahrzeug. Für alle Zeiten sollte die „Golden Hind" auf Befehl der Königin der Nachwelt erhalten bleiben, aber schon 1662 verfiel sie als Wrack.

26 **Die Hauptwaffe gegen England** war für Philipp II. von Spanien seine Flotte, die „Unüberwindliche Armada". Immer wieder hatten einzelne englische Kapitäne die Goldgaleonen auf ihrer Heimreise überfallen. Dieser private Kaperkrieg, den die englische Königin Elisabeth I. heimlich unterstützte, hatte die Spanier schon um einen großen Teil ihrer erbeuteten Schätze gebracht. Als die protestantische Elisabeth im Jahre 1587 Maria Stuart, die katholische Königin der Schotten, hinrichten ließ, erklärte Philipp England den offenen Krieg. Als König der katholischen Weltmacht Spanien fühlte er sich auch zum Führer im Kampf gegen das andersgläubige England bestimmt. Wie zuvor die Niederlande sollte nun auch England unterworfen werden. Philipp ließ seine starke Armee an der niederländischen Küste aufmarschieren. Dort sollten sie die aus Spanien kommende Armada zur Landung in England erwarten.

Unter der protestantischen Königin Elisabeth I. (1533–1603) wuchs England zu einem mächtigen Staat, der mit der führenden katholischen Weltmacht Spanien immer häufiger auf Gegensätze stieß. Schon ihr Vater, Heinrich VIII., hatte versucht, England auch als Seemacht mehr Geltung zu verschaffen. Erst seiner Tochter sollte dieses Ziel gelingen. Weil ihre Flotte nur aus wenigen Schiffen bestand, war sie vor allem auf den Kampfgeist und die Treue ihrer Untertanen angewiesen.

Zuerst ging der Kampf um das geographische Wissen, das Spanien vor der übrigen Welt geheimhielt. Deshalb waren neben dem Gold und Silber der Galeonen Seekarten die geschätzte Beute der Kaperkapitäne. Im Jahre 1587 wurde Francis Drake beauftragt, die spanische Flotte in ihrem Heimathafen Cadiz zu vernichten. Sein Angriff konnte für den unausweichlichen Krieg nur den Aufschub von einem Jahr bewirken.

Am 21. Juli 1588 traf die spanische Armada auf die englische Flotte. Unter vollen Segeln fuhren die 130 Galeonen, Galeassen und Transportschiffe in den englischen Kanal ein. Die 10 000 Seeleute, Galeerensträflinge, Offiziere, Ärzte und Priester standen unter dem Oberbefehl des Adligen Alonzo de Medina-Sidonia. Sein Auftrag lautete, die an der Küste bei Calais erwartete Armee unter dem Herzog von Parma für die Landung in England einzuschiffen. Dadurch versäumte er es, die englische Flotte schon jetzt anzugreifen.

Unbehelligt konnten die englischen Schiffe, die dem Oberbefehl Lord Howards unterstellt waren, den Hafen von Plymouth verlassen.

In den folgenden Tagen bewegten sich die beiden Flotten in langsamer Fahrt Richtung Nord-Ost nebeneinander her. Nur hin und wieder kam es zu Gefechten zwischen einzelnen Flottenteilen. Am 29. Juli ankerte die Armada zwei Seemeilen vor Calais, um die Landtruppen aufzunehmen. Da die englischen Verfolger aber auch in Schußweite geblieben waren, wollte der Herzog von Parma seine Armee nicht beim Übersetzen gefährden.

In dieser Nacht trieben die Engländer acht brennende Schiffe in die dicht liegenden Spanier. Sofort brach eine Panik aus und am nächsten Morgen trieb ein auflandiger Wind die verstreuten Schiffe gefährlich nahe an die Küste. Francis Drake versuchte mit seinem Geschwader, die Armada gegen die Küste zu drängen, aber ein plötzlich umschlagender Wind half Sidonia, Richtung Norden die offene See zu gewinnen.

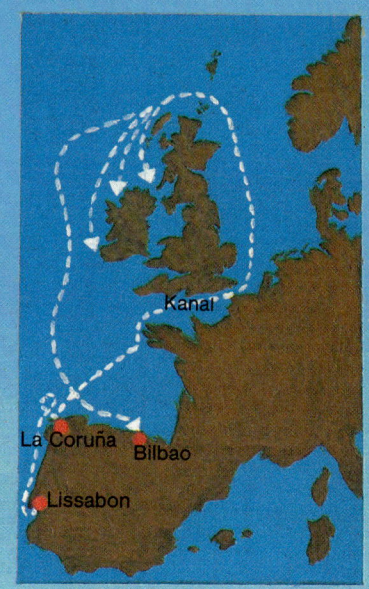

Nun mußte sich Sidonia zu einer schmachvollen Flucht um die zerklüftete Felsküste Schottlands entschließen. Bis zum Firth of Forth wurden die Spanier noch verfolgt. Danach blieben nur noch die Unwetter als Feinde der spanischen Schiffe übrig. Diese waren durch die Gefechte beschädigt und knapp an Lebensmitteln für die hungrigen und durstigen Mannschaften. Eine Reihe von Weststürmen ließ 60 Galeonen an den Küsten Schottlands und Irlands stranden. Die Schiffbrüchigen wurden oft noch am Strand von den Einheimischen umgebracht. Nur 50 Schiffe konnten in nordspanische Häfen zurückkehren. Die ebenfalls geschwächte englische Flotte konnte den Sieg von 1588 nicht weiter ausbauen, aber der Ruhm der „Unüberwindlichen Armada" war für alle Zeiten gebrochen. Dieses Bild zeigt eines der vielen kleinen Gefechte der Armada-Schlacht. Das englische Schiff im Vordergrund hat Enternetze aufgezogen, um Feinde abzuhalten. Die Bordgeschütze jener Zeit hatten nur geringe Reichweite.

27 Das Schiff für die „Fuhrleute Europas" war im siebzehnten Jahrhundert die Fleute für die Niederländer. Immer schon waren die Holländer mit dem Meer vertraut gewesen, hatten sie ihm doch in jahrhundertelangem Kampf ihr flaches Land abgerungen. Nach dem Niedergang der Hanse hatten sie den Ostseehandel übernommen. Er bildete zusammen mit dem Heringsfang die Grundlage für die holländische Seefahrt. Für ihren Schiffbau konnten sie nun Holz, Segeltuch, Tauwerk, Teer und Pech aus Danzig einführen. Als Teil des spanischen Weltreiches besaßen die Niederlande für den Handel mit den Kolonien eine Reihe von Sonderrechten. Als Spanien diese Rechte einschränken wollte, kam es zum Aufstand der Niederlande unter Wilhelm von Oranien. 1584 erklärte er die Unabhängigkeit von sieben nördlichen Provinzen, die sich „Generalstaaten" nannten. Weil Lissabon für ihre Schiffe geschlossen wurde, mußten sie sich einen eigenen Weg zu den Gewürzen Indiens suchen.

Nach der Niederlage der spanischen Armada konnten sich die Fleuten ungehindert auf den Weltmeeren bewegen. 1594 stach die erste Expedition mit vier Schiffen nach Ostindien in See und bereits 1602 wurde die holländische Ostindien-Kompanie gegründet. Nach nur kurzem Kampf mußte Portugal den Gewürzhandel vollständig an Holland abgeben.

Das Streben der Holländer beschränkte sich nicht nur auf die Ausweitung des Handels. Wie alle seefahrenden Völker jener Zeit suchten auch sie nach neuen Routen, die die langen Handelswege verkürzen sollten.

Willem Barents war einer ihrer berühmtesten Seefahrer. Er wollte einen nördlichen Seeweg nach Indien und China finden. Während seiner vergeblichen Suche entdeckte er Spitzbergen und die Bäreninsel im nördlichen Eismeer.

Ein anderer holländischer Entdecker ist auf dem Bild oben mit seiner Familie zu sehen. Es ist Abel Tasman. Als Kapitän der Ostindien-Kompanie legte er dem Gouverneur über die Gewürzinseln den Plan vor, von Java aus weiter nach Süden zu segeln, als je ein Mensch vor ihm. Dabei wollte er erkunden, ob es eine Verbindung zwischen dem Südkontinent Australien und der Antarktis gäbe. 1642 trat er mit zwei Schiffen seine 5 000 Seemeilen weite Reise an. Nach dreimonatiger Fahrt trafen sie auf die Küste der Insel, die nach ihrem Entdecker Tasmanien genannt wurde. Da die Brandung so stark war, daß die Schiffe nicht anlegen konnten, mußte der Zimmermann an Land schwimmen, um eine Flagge aufzustellen. So wurde die Besitznahme des Landstücks angezeigt. Ohne den großen Kontinent zu erblicken, umsegelten sie Australien, erreichten Neuseeland und entdeckten auf der Heimfahrt nach Java die Tonga- und Fidschiinseln. Da Tasman keine reichen Länder entdeckt hatte, wurde er von der Ostindien-Kompanie kühl empfangen. Die Bedeutung seiner Entdeckungsfahrt für das Bild der Welt wurde von seinen Zeitgenossen nicht gewürdigt.

Wie sah nun das Schiff aus, das das kleine Holland zur führenden Seemacht des siebzehnten Jahrhunderts machte? Die Fleute war ein schlankes Schiff mit löffelförmigem Rundheck, sein Länge-Breite-Verhältnis betrug 4:1. Seine Seiten waren nach oben hin stark eingezogen, denn im dänischen Sund wurde der Zoll nach der Decksbreite bezahlt. Da die Durchfahrten zur Ostsee so häufig waren, gab diese Bestimmung einem ganzen Schiffstyp sein einzigartiges Aussehen. Die Fleuten hatten wegen der versandeten Flüsse des holländischen Marschlandes sehr geringen Tiefgang. Nur wenige Seeleute waren nötig, diese schnellen Segler zu bedienen. Über dem Besansegel gab es ein neues Rahsegel, das Kreuzsegel genannt wurde. Auf dem Bugspriet war ein kleiner Mast, der die sogenannte Oberblinde trug. Er wurde der Fluch der Seeleute. Obwohl viele von ihm abstürzten, behielt man ihn doch für die nächsten anderthalb Jahrhunderte bei. Da die Fleuten billig zu fahren waren und die Reisen nicht zu lange dauerten, außerdem Geleitschutz und eine Seeversicherung gegeben wurden, nahmen auch fremde Mächte Dienste der Holländer in Anspruch.

28 **Mit den „Pilgervätern" in die Neue Welt** fuhr im August des Jahres 1620 ein kleines Schiff, das eines frühen Morgens den englischen Hafen Plymouth verließ. Es war die „Mayflower", Maiblume, die eine Fahrt begann, die mit ihren sonstigen Aufgaben als Weinhandelsschiff wenig zu tun haben sollte. An Bord waren neben den 21 Mann Besatzung 102 Passagiere, die wußten, daß sie ihre Heimat nie wiedersehen würden. Sie waren Angehörige einer besonders strengen, puritanischen Glaubensrichtung, die ihre Überzeugung nicht mehr öffentlich vertreten konnten.

Nach dem Tode der großen Königin Elisabeth waren in England Glaubenskriege entbrannt, die kleine Gruppen eines besonderen Glaubens erbittert verfolgten. Nur in der Neuen Welt, jenseits des Atlantiks, glaubten die Puritaner, Gott nach ihrer Überzeugung verehren zu können.

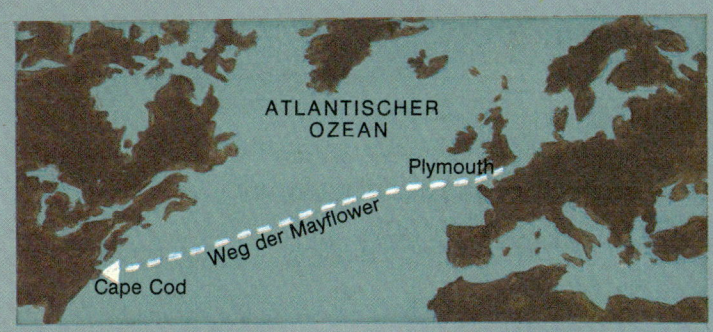

Die Mayflower war 1588 in den Niederlanden gebaut worden und hatte eine Größe von 180 Tonnen.

Sie besaß die für kleine Handelsschiffe jener Zeit übliche Zahl von drei Masten. Der vordere war der Fockmast mit dem Focksegel und dem Fockmarssegel darüber. In der Schiffsmitte stand der Großmast mit dem Großsegel und dem Großmarssegel. Dahinter war der kleine Besanmast mit dem Besansegel an der schrägen Besanrah oder Besanrute.

Die Bedienung der Segel erforderte von der Besatzung großes Geschick. Sehr viele Taue waren nötig, um die Anzahl und Stellung der Segel den sich ständig ändernden Windverhältnissen anzupassen. Die Matrosen mußten den Namen und den Zweck eines jeden Taues genau kennen, wenn sie das Schiff bei Tag und Nacht sicher führen wollten.

Die Takelage eines Schiffes wird in zwei Gruppen eingeteilt, das „stehende" und das „laufende Gut". Das stehende Gut stützt die Masten und gibt ihnen Festigkeit. Dazu gehören die Wanten, die von der Schiffsaußenwand zur sogenannten „Saling" unter dem Mastkorb führen. Auf ihnen entern die Matrosen nach oben in die Rahen.

Das laufende Gut bewegt die Rahen und Segel. Mit „Schoten", zum Beispiel, wird die Unterkante eines Segels ausgerichtet. „Fallen" dienen dazu, Rahen und Segel hochzuhieven oder herunterzufieren und mit „Brassen" kann der Winkel, in dem die Rahen zum Wind stehen, verändert werden.

Die Segelmacher waren ständig damit beschäftigt, die vom Sturm zerfetzten Segel zu flicken.

Vor jedem Sturm mußten die Segel verkürzt werden. Auf dem Bild links wird gerade das Focksegel gerefft. Ununterbrochen wurde auf und unter Deck gearbeitet. Für die Pilgerväter, wie die Auswanderer mit ihren Familien später genannt wurden, gab es kaum Platz an Bord des kleinen Schiffes. Die Kombüse – das ist die Schiffsküche – lieferte immer armseligere Mahlzeiten. Wegen der großen Feuergefahr an Bord war der Herd gemauert und stand auf Steinen. Einen Abzug gab es nicht.

Weil am Schiff Schäden repariert werden mußten und ein Unwetter hereinbrach, hatte sich die Abfahrt der

Mayflower zweimal verzögert. Doch mit der nun beginnenden Fahrt drohten erst recht Gefahren. Fast jeden Tag machten neue Ereignisse das gute Gelingen der Reise fraglich. Das kleine, 27 Meter lange Schiff war ein leichter Spielball der Wellen und mehr als einmal drohte es unter der Wucht der Brecher aus den Fugen zu gehen.

Nach mehr als zwei Monaten Fahrt kam endlich die Küste der Neuen Welt in Sicht.

Auf der Reise starb einer der Puritaner, aber zwei Kinder wurden geboren, so daß mehr Menschen in Amerika ankamen, als in England abgefahren waren.

In der Nähe des Cape Cod warfen sie Anker und dankten Gott, daß er sie sicher ans Ziel gebracht hatte. Am nächsten Morgen ging eine Abordnung von Pilgern und Seeleuten an Land, um nach einem günstigen Siedlungsplatz zu suchen. Nach einer langen Suche kehrten die Männer enttäuscht zur Mayflower zurück. Sie hatten keinen passenden Platz an der wilden und öden Küste gefunden. Erst am darauffolgenden Tag fanden sie weiter landeinwärts eine gute Stelle. In jener Nacht fiel der erste Schnee. In aller Eile mußten Hütten und starke Zäune gegen Wölfe gebaut werden. Den harten Winter überlebten nur 50 der Auswanderer. Als die Mayflower aber im kommenden Frühjahr wieder nach England segelte, wollten alle Puritaner in der neugefundenen Heimat bleiben. Mit den Eingeborenen hatten sie Freundschaft geschlossen. Die Indianer lehrten sie den Anbau von Mais und anderen unbekannten Pflanzen, so daß sie im kommenden Herbst ihr erstes Erntedankfest in Amerika feiern konnten.

29 **Ein Festtag für Schweden** sollte der 10. August 1628 werden. Die Kirchenglocken Stockholms hatten einen lauen Sommertag eingeläutet. Nun füllten sich die Gassen der Stadt mit Scharen von Menschen. Keinen hielt es an diesem besonderen Sonntag zuhause. Alle kannten nur ein Ziel: den Hafen, in dem das neue Kriegsschiff des Königs, die „Wasa", stolz zur Jungfernfahrt bereitlag. Erwartungsvoll drängten sich die Neugierigen am Kai, um die Abfahrt dieses mächtigen Schiffes zu verfolgen.

König Gustav II. Adolf von Schweden hatte in den letzten Jahren begonnen, seine Kriegsflotte zu erweitern. Schon elf Jahre dauerte der Kampf mit Polen, das Ansprüche auf den schwedischen Thron erhob. Mehr noch sorgte den schwedischen König aber das Vordringen der katholischen Habsburger Truppen nach Norddeutschland. Die Auseinandersetzungen zwischen Katholiken und Protestanten hatten 1618 auf deutschem Boden begonnen. Bald schon beteiligen sich verbündete Nachbarländer an dem erbitterten Kampf, der später der „Dreißigjährige Krieg" genannt wurde.

Im Frühjahr 1628 war es dem Heerführer Wallenstein gelungen, die Truppen des dänischen Königs zu besiegen und das protestantische Norddeutschland zu unterwerfen. Als „Admiral über die baltischen Meere" sollte Wallenstein die Schiffe der deutschen Ostseehäfen zur kaiserlichen Flotte zusammenziehen. Dieses bedeutete gleichzeitig eine Bedrohung für die freie Handelsschiffahrt des protestantischen Schwedens. Als Wallenstein im Jahre 1627 Stralsund einnehmen wollte, kam Gustav Adolf der bedrängten Hafenstadt zur Hilfe und zwang ihn zum Abzug.

Die Wasa war eines der Kriegsschiffe, die von dem holländischen Schiffbaumeister Henrik Hybertsson im Auftrag des schwedischen Königs gebaut wurden.

Nun lag das große Schiff zum Auslaufen bereit. Die letzten Monate waren genutzt worden, um die Wasa am Ausrüstungskai, unterhalb des königlichen Schlosses, zu beladen und restliche Arbeiten im Schiffsinnern auszuführen. Ballast, Proviant, Munition und 64 Kanonen waren an Bord genommen worden. Außen waren auch schon vergoldete Heckverzierungen zu bestaunen und mehrere hundert Schnitzereien, die den gesamten Rumpf schmückten. Zwei gewaltige Löwen – der Kopf des einen ist links außen zu sehen – hielten das vielfarbige Staatswappen am Heckspiegel. Buntbemalte Kriegerfiguren, Seejungfern und Fabelwesen zierten außerdem Heck und Galion.

Zwischen drei und vier Uhr nachmittags war es endlich soweit: Kapitän Söfring Hansen gab das ungeduldig erwartete Kommando: „Leinen los!"

Mit Ruderbooten wird die Wasa von ihrem Liegeplatz freigeholt. Die schwere Ankertrosse wird eingeholt und langsam gleitet das prächtige Schiff in die Mitte des Hafenbeckens. Mit Hilfe von kleinen Schleppankern wird sie in tieferes Fahrwasser gezogen. Für die Fahrt durch die Schären, jene flachen Felsinseln vor der Küste, sind nicht nur berühmte Persönlichkeiten der Marine, sondern auch Frauen und Kinder der Mannschaft an Bord. Endlich hat die Wasa die Kaianlagen verlassen. In der leichten Abendbrise, die nun aufkommt, können die ersten Segel gesetzt werden. Ein Ruck geht durch das ganze Schiff. Zum erstenmal füllen sich die neuen Segel mit Wind. Vier Schuß Salut werden abgefeuert. Immer noch langsam, verläßt die Wasa nun den Windschatten der Uferklippen. Eine Bö läßt sie jetzt gefährlich schwanken, doch noch hat die Mannschaft das Schiff unter Kontrolle. Der dritte Windstoß aber trifft das zu schlanke Schiff mit ungeminderter Wucht und versetzt ihm den Todesstoß. Zum Entsetzen aller Zuschauer legt sich die Wasa auf die Seite und versinkt in wenigen Minuten. Die meisten Passagiere und Besatzungsmitglieder konnten noch gerettet werden.

Bergungsversuche begannen schon am nächsten Tage. Wegen der großen Wassertiefe konnte man nur die wertvollsten Dinge, darunter die bronzenen Kanonen, retten. Für die nächsten 333 Jahre sollte die Wasa ihren Dornröschenschlaf auf dem Meeresgrunde halten. Erst im Jahre 1956 gelang es dem Ingenieur Anders Franzén, die Lagestelle der langvergessenen Wasa wieder ausfindig zu machen. Versunkene alte Schiffe waren seine Leidenschaft, und die Hebung der Wasa sollte – unterstützt von der Marine und dem Museum für Seefahrtsgeschichte in Stockholm – die Krönung seiner kostspieligen Bemühungen werden.

Nachdem festgestellt worden war, daß der Rumpf aufrecht und unversehrt im Schlamm saß, gruben Froschmänner sechs Kanäle unter dem Kiel, durch die Bergungstrossen geführt wurden. Langsam wurde die Wasa am 24. April 1961 zwischen zwei Pontons an die Wasseroberfläche gehoben. Vorsichtig wurde sie in ein Trockendock gezogen. In einem eigens gebauten Schuppen aus Aluminium konnte sie bei gleichbleibender Temperatur und Luftfeuchtigkeit untersucht werden. Dabei entdeckten die Wissenschaftler auch die gemauerte Feuerstelle, die keinen Rauchabzug hatte (Bild oben). Die über 20 000 Gegenstände, die auf den drei Decks der Wasa gefunden wurden, ergaben ein sehr genaues Bild von der Lebensweise in Schweden zu Beginn des siebzehnten Jahrhunderts. Heutzutage zieht die stolze Wasa wieder jedes Jahr Tausende von Schaulustigen an.

30 **Um 100 Jahre seiner Zeit voraus** war das Prachtschiff König Karls I. von England, das 1637 vom Stapel lief. Sein Schöpfer war ein Mann, der schon zu Lebzeiten als einer der genialsten Schiffbaumeister in die Geschichte einging. Phineas Pett lebte von 1570 bis 1647 und stammte aus einer berühmten Familie von Schiffbauern. Er hatte eine für die damalige Zeit außergewöhnliche Ausbildung in den Naturwissenschaften bekommen. Die „Sovereign of the Seas", zu deutsch „Herrscherin der Meere", übertraf alles, was man bis dahin an Schiffen gesehen hatte. Zwar hatte Phineas Pett selbst das bis dahin größte Schiff, die „Prince Royal", ein Schiff mit 56 Kanonen, gebaut – aber mit der „Sovereign of the Seas" vollbrachte er sein Meisterstück. Sie trug 100 Kanonen, hatte eine Kiellänge von 39 Metern, eine Breite von 14 Metern und einen Tiefgang von 7 Metern. Die „Prince Royal" und die „Sovereign of the Seas" waren die ersten Schiffe, die mit drei durchgehenden Decks gebaut worden waren.

Auch in der Takelage des Riesenschiffes gab es eine Neuerung. Als oberstes, viertes Segel war am Fockmast und Großmast sowie über dem Kreuzsegel des Besanmastes jeweils das sogenannte „Royalsegel" gesetzt. Wahrscheinlich diente dieses zusätzliche Segel nur als Schmuck bei Paraden. Phineas Pett verband die Kunst des Schiffbaus mit den Erkenntnissen der Mathematik und Geometrie.

Um eine Rumpfform unter der Wasserlinie zu finden, die möglichst wenig Wasserwiderstand besaß, fehlte ihm allerdings noch die Kenntnis der physikalischen Gesetze. In wie hohem Ansehen er stand, zeigt dieses Porträt eines zeitgenössischen Künstlers. Seine Familie durfte sogar ein eigenes Wappen führen.

Auch das Heck der „Sovereign of the Seas" war von Phineas Pett neu gestaltet worden. Seit dem Anfang des sechzehnten Jahrhunderts hatten die europäischen Kriegsschiffe ein sogenanntes „Spiegelheck" oder „Plattgatt". Die „Sovereign of the Seas" dagegen hatte auch am Heck ein rundes Unterschiff. Erst drei Meter oberhalb der Wasserlinie begann das flache, platte Heck. Diese Heckform blieb bis ins neunzehnte Jahrhundert typisch für die englischen Kriegsschiffe.

Franzosen und Holländer führten weiterhin das Plattgatt. Nicht nur die einmalige Größe der „Sovereign of the Seas", sondern auch die Pracht ihrer Ausschmückung versetzte bei der Jungfernfahrt das Volk in Erstaunen und Begeisterung. Der königliche Bildhauer Gerard Christmas hatte zusammen mit seinen Söhnen und vielen Gesellen Hunderte von Figuren und Verzierungen geschnitzt. Als Entwürfe benutzten sie Zeichnungen des berühmten Malers Anthonis van Dyck, den König Karl als Hofmaler nach London berufen hatte.

König Edgar, der „Friedensmacher", ritt als Galionsfigur über besiegte Feinde. Zu seiner Seite, auf der Galionsreling, waren Windhunde Heinrichs VII. und ein Drache aus einer alten Sage zu sehen, der mit Löwe und Einhorn kämpfte. Ebenfalls noch auf dem Galion waren die Rosen von England, die Distel von Schottland, die Harfe von Irland und Frankreichs Lilien zusammen mit Wappentieren und königlichen Monogrammen (Namenszeichen) als Schmuck angebracht. Die Vorderseite des Vorkastells, das auch Back genannt wurde, zierte eine Reihe von Halbgöttern. An den Schiffsseiten liefen drei Friese mit Wappenschilden, Tierkreiszeichen und Plastiken römischer Kaiser entlang. Zwischen den Geschützpforten wechselten sich Teile von Uniformen mit Musikinstrumenten und Waffen ab. Das Heck schließlich wurde von der Siegesgöttin gekrönt.

Die „Sovereign of the Seas" erlebte ein wechselvolles Schicksal. In den Kriegen mit Holland erlitt sie keine einzige Niederlage und war als „Goldener Teufel" bei allen Feinden gefürchtet.

Sobald ihr goldfunkelnder Rumpf am Horizont auftauchte, ergriff auch die tapfersten Seebären Furcht und Schrecken. Das festgebaute Schiff überlebte seinen verschwenderischen König. Mit ein Grund für die Unruhen, die zu seiner Regierungszeit im englischen Volk aufkamen, waren die Kosten, die der Bau seines Prachtschiffes verursacht hatte. Ein normales Kriegsschiff mit 40 Kanonen kostete damals rund 6 000 Pfund. Die „Sovereign" aber kostete das Zehnfache! Mit einer Sondersteuer versuchte Karl, das Geld dafür dem ohnehin armen Volk abzupressen.

Der protestantische Oliver Cromwell brachte den luxusliebenden König schließlich zu Fall.

Cromwell schätzte die „Sovereign of the Seas" als starkes Kriegsschiff. Er ließ aber, gemäß seiner puritanischen Weltanschauung, alle überflüssigen Verzierungen abschlagen und machte das ehemals stolze Schiff zu einem reinen Nutzfahrzeug. Auch die Takelage wurde vereinfacht. Als es schließlich noch in „Royal Sovereign" umgetauft wurde, hatte es mit dem Schmuckschiff Karls keine Ähnlichkeit mehr.

Was kein feindliches Kriegsschiff in all den Seeschlachten erreicht hatte, geschah eines Nachts durch Unachtsamkeit auf dem eigenen Deck. Eine umgestoßene brennende Kerze ließ das Schiff 1696 in Flammen aufgehen.

31 **Ein Modell für den König und die Admiralität** war im siebzehnten Jahrhundert der erste Schritt für den Bau großer Kriegsschiffe.
Seit etwa 1660 wurde es in England üblich, diese Modelle begutachten zu lassen, bevor der kostspielige Bau begann.

Als nächstes wurde das passende Bauholz ausgewählt. Dazu streifte man durch die königlichen Wälder, um Bäume zu finden, die zufällig so gewachsen waren, wie man sie für Spanten und Rumpfteile benötigte. Es wurden sogar Wälder angelegt, in denen die Bäume während des Wachstums künstlich die gewünschte Form gebogen wurden.

Die sorgfältig ausgewählten Stämme wurden auf Pferdekarren zum Werftgelände gefahren. Mit großen Sägen wurden die Stämme geteilt und zu passenden Brettern geschnitten. Nicht weit von den Rohbauten entfernt wurden die Bretter, nach Größen sortiert, zum Trocknen gestapelt.

Für die Schiffsrümpfe waren gebogene Bretter erforderlich. Um die geraden Bretter und Planken in ihre benötigte Form zu biegen, wurden sie angefeuchtet und an ihren Enden in Gestelle gespannt. Unter ihnen wurde ein Feuer entzündet und die heiße Luft mit Ästen an sie herangefächert. Langsam bekamen die Bretter die gewünschte Krümmung.

Mit großen hölzernen Kränen wurden die schweren Spanten auf den massiven Kiel gesetzt. Seitliche Stützen hielten die Spanten in ihrer Lage. Alle Schiffe wurden so auf Kiel gelegt, daß ihr Heck zum Wasser zeigte. Damit war sichergestellt, daß sie beim Stapellauf ohne Kentergefahr ins Wasser gleiten konnten.

Die Werkzeuge der Zimmerleute waren einfach, aber seit langem erprobt. Zu ihnen gehörten Hämmer, Stechbeitel, große und kleine Sägen, Bohrer, Äxte, Lote, Zangen und Meßstöcke.
Dies blieb auch in den nächsten zwei Jahrhunderten das wichtigste Handwerkszeug auf den Werften.

Obwohl im siebzehnten Jahrhundert auf englischen und französischen Werften viele Dreidecker gebaut wurden, war Holland damals das Zentrum des Schiffbaus. Viele Anregungen gingen von hier aus in die europäischen Nachbarländer. Schiffbauer aus Frankreich, Deutschland, Dänemark und Schweden reisten in die Niederlande, um an Ort und Stelle die holländische Bauweise kennenzulernen. Sogar der russische Zar Peter der Große ließ sich 1667 persönlich in Zaandam in die holländische Schiffbaukunst einführen. Die rasche Folge von Kriegen und Seeschlachten zwischen den europäischen Nationen unterstützte die schnelle technische Entwicklung beim Bau von Kriegsschiffen. Für die Einteilung der unterschiedlich großen Schiffe führte England einen Begriff ein, der schnell von allen kriegführenden Nationen übernommen wurde: das ,,Linienschiff''.

Bis etwa 1650 waren Seeschlachten ohne eine besondere Anordnung der Schiffe ausgetragen worden. Ölgemälde aus jener Zeit zeigen, daß große und kleine Schiffe, schwerbewaffnete Kriegsschiffe und kleine Nachschubsegler durcheinander kämpften. Sieger blieb in solchen Schlachten oft, wer in dem Wald von Masten Freund und Feind unterscheiden konnte.
Die Engländer erdachten deshalb eine Einteilung ihrer Kriegsschiffe nach Größe und Bewaffnung. Schiffe von gleichem Rang sollten in einer Linie kämpfen. Die Kriegsschiffe der oberen drei Ränge, mit mehr als 90, 80 und 50 Kanonen, wurden ,,Linienschiffe'' genannt. Sie hatten in einer festen Schlachtordnung zu kämpfen. Kleinere Schiffe vom vierten bis sechsten Rang wurden als Späh- und Begleitschiffe eingesetzt.

32 **Das englische Nationalgetränk** war im achtzehnten Jahrhundert der Tee geworden. Allein in den vier Jahren von 1746 bis 1750 wurden über zweieinhalb Millionen Pfund Tee im Londoner Hafen umgeschlagen. Die Schiffe der mächtigen Britisch-Ostindischen Kompanie führten ihn jährlich aus China ein.

Dieser Stich zeigt die südchinesische Hafenstadt Kanton im siebzehnten Jahrhundert. Europäische Schiffe und chinesische Dschunken drängen sich im Hafenwasser. Im Hintergrund sind die Stadtmauer und die Dächer von chinesischen Tempeln, Pagoden, zu sehen. Nur diesen Hafen hatte der Kaiser von China dem Westen für den Handel geöffnet, denn er fürchtete jeden weiteren Einfluß der Europäer auf sein großes und unabhängiges Reich. Einer auserwählten Gruppe von chinesischen Kaufleuten, sogenannten „Co-Hongs", war es als einziger erlaubt, Handel mit den Ausländern zu treiben.

Die Angst des Kaisers sollte sich als berechtigt erweisen. Während der zweieinhalb Jahrhunderte ihres Bestehens veränderte die Britisch-Ostindische Kompanie das Leben in Asien. Das Gebiet, das die Kompanie für Englands Handel gewann, zählte mehr Menschen als das Römische Reich auf dem Höhepunkt seiner Macht. Die englische Regierung hatte ihre Ostindienkompanie mit einer Reihe von Sonderrechten ausgestattet. Mit den auf eigenen Werften gebauten Schiffen durfte die Kompanie selbst Kriege gegen Konkurrenten führen, eigene Münzen prägen und selbst Gericht halten.

Diese einzigartige Freiheit für die britische Handelsschiffahrt hatte aber nicht immer bestanden. Bereits 1602 hatte sich in den Niederlanden eine Holländisch-Ostindische Kompanie gebildet, die die Portugiesen aus ihren Kolonien verdrängte. Sie gründete Batavia, das heutige Djakarta, die Hauptstadt Indonesiens, und machte es zum Zentrum ihres Gewürzhandels. Außer den Niederlanden hatten auch Frankreich, Schweden, Dänemark, Preußen, Rußland und sogar Österreich zeitweise ihre eigenen Gesellschaften für den Handel mit den Ländern Asiens. Von allen europäischen Nationen war es aber nur den Holländern erlaubt, einen Handelsposten in Japan zu beziehen. Holland wurde auch zum erbittertsten Gegner des zur Seemacht aufsteigenden England.

Oliver Cromwell hatte in seiner „Navigationsakte" von 1651 verlangt, daß alle Waren, die für England bestimmt waren, auch von englischen Schiffen eingeführt werden sollten. Das war ein schwerer Schlag gegen die holländische Handels-schiffahrt. Aus den sich anschließenden drei Seeschlachten ging England 1672 als Sieger hervor und konnte sein Handelsreich im Osten ungestört aufbauen.

Es waren allerdings nicht nur Tee, Seide, Gold, Schnitzereien und Pfeffer, die den Reichtum der Britisch-Ostindischen Kompanie begründeten. Ein immer größeres Geschäft wurde die heimliche Einfuhr von Opium nach China. Es wurde auf dem indischen Kontinent angebaut und an abgelegenen Stellen der chinesischen Küste an Opiumschmuggler übergeben. Als der größte Teil der chinesischen Stadtbevöl-kerung diesem Rauschgift verfallen war, kam es 1839 zum sogenannten „Opiumkrieg" zwischen England und China. 1842 mußte China seine Niederlage eingestehen und Honkong an England abgeben sowie fünf weitere Häfen für den Handel mit dem Westen öffnen.

Von 1830 an wurden die chinesischen Teesorten auch in Indien und Ceylon angebaut. Das Parlament löste 1858 die von Königin Elisabeth I. im Jahre 1600 gegründete Britisch-Ostindische Handelsgesellschaft auf. Als privates Unter-nehmen war sie den vielfältigen Problemen, die die Verwal-tung der asiatischen Kolonien mit sich brachte, nicht mehr gewachsen.

Obwohl man von den Schiffen der Handelsgesellschaften als „Ostindienfahrer" spricht, handelt es sich nicht um einen besonderen Schiffstyp, sondern um eine Gruppe von Schiffen, denen ihr Einsatzgebiet den Namen gab. Dieses englische Schiff aus der Mitte des achtzehnten Jahrhunderts zeigt, daß die hohen Aufbauten früherer Zeiten einem flachen „Vorschiff" und Achterdeck gewichen sind. Die „East-Indiamen", wie sie im Englischen hießen, waren bis zu 1 200 Tonnen groß. Ihre Ladung war in einer ganz bestimmten Weise angeordnet: zuunterst im Kielraum war das gegen Wasser unempfindliche Porzellan verstaut, darüber der billigere Tee, auf diesem, im Trockenen, die kostbaren Teesorten und zuoberst die wertvollen Seidenstoffe. Um 1750 wurde der schwere Hebelbalken des Steuerruders durch das leichter zu handhabende Steuerrad ersetzt. Obwohl die Ostindienfahrer bewaffnete Handelsschiffe waren, versuchte man auf den über ein Jahr dauernden Fahrten, in Konvoys zu segeln, um Seeräuber und Konkurrenten besser abwehren zu können.

Die wirklichen Gefahren der Seefahrt jener Tage wurden noch gesteigert durch den Aberglauben der Seeleute. Durch unzählige Geschichten geisterten die Klabautermänner und Seeungeheuer. Wie man sich das plötzliche Auftauchen eines solchen Ungeheuers aus der Meerestiefe vorstellte, zeigt dieser Druck aus dem achtzehnten Jahrhundert.

33 **Schwarzes Elfenbein für die Plantagen Amerikas!** Damit wurde im sechzehnten Jahrhundert eines der grausigsten Kapitel der Seefahrtsgeschichte eingeleitet. Das Geschäft mit Sklaven hatte sich im achtzehnten Jahrhundert zu dem auf der Karte gezeigten Dreieckshandel entwickelt. Aus Europa fuhren Schiffe mit billigen Waren, Wollstoffen und Kleidern, zur Westküste Afrikas. Dort wurden die gefangenen Eingeborenen an Bord genommen und über den Atlantik zu den West-indischen Inseln und nach Florida transportiert. Auf der Rückfahrt nach Europa wurden die gleichen Schiffe mit den Waren beladen, die die Sklaven geerntet hatten: Kaffee, Gewürzen und Zucker. Einige europäische Häfen spielten eine besonders große Rolle im Sklavenhandel. In der französischen Stadt Nantes wurden im achtzehnten Jahrhundert auf rund 1 000 Schiffen 300 000 Sklaven zu den Westindischen Inseln verschifft. Die Schiffe aus dem englischen Hafen Liverpool brachten zeitweise 20 000 Afrikaner jährlich zu den Zuckerrohrfeldern Kubas und den Baumwollplantagen der amerikanischen Südstaaten.

Schon lange vor dem europäischen Sklavenhandel hatte es das gewinnbringende Geschäft mit Menschen gegeben. Wir haben bereits von den Arabern gehört, die für viele Jahrhunderte Sklaven über den Indischen Ozean schifften. Sie verkauften ihr „lebendes Gut", das an der Ostküste Afrikas eingefangen worden war, nach Persien, Indien und Ägypten. Die Ägypter selbst hatten noch vor ihnen Tausende von Menschen für den Bau der großen Tempel und Grabmale zu Sklaven gemacht. Auch die Königin Hatschepsut ließ auf ihrer Fahrt nach Punt afrikanische Eingeborene fangen und als Sklaven nach Theben bringen. Im fünfzehnten Jahrhundert transportierten die Schiffe Heinrichs des Seefahrers ebenfalls einige Afrikaner nach Portugal. Das war der Anfang des europäischen Sklavenhandels. Schnell entwickelte sich eine wirksame Methode der Entführung: Eine bewaffnete Truppe zog, durch die Schiffsgeschütze gedeckt, am Ufer entlang und fing alle Eingeborenen, auf die sie traf. Bald wurden ganze Siedlungen überfallen. Auch ins Landesinnere drang man vor und nahm Verbin-dung mit afrikanischen Sklaven-händlern auf. Der König von Benim zum Beispiel verkaufte seine Kriegsgefangenen an die Europäer weiter. Der Preis für zehn Sklaven war ein Pferd. Nach den Portu-giesen waren es die Holländer, die den Menschenhandel an sich rissen. Sie bauten Festungen an der Guinea-Küste und hielten zum Schutz der Sklavenschiffe eine Kriegsflotte.

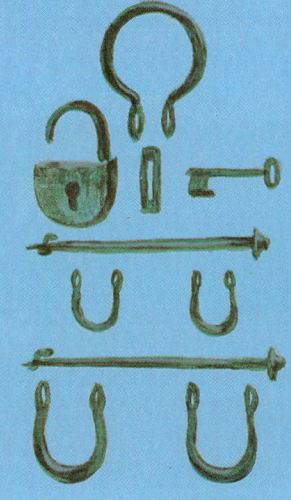

Im Jahre 1563 fuhr auch der englische Kapitän Hawkins mit afrikanischen Gefangenen nach Haiti, um sie dort an die Spanier zu verkaufen, die nach der Ausrottung der Eingebo-renen dringend neue Arbeitskräfte brauchten.

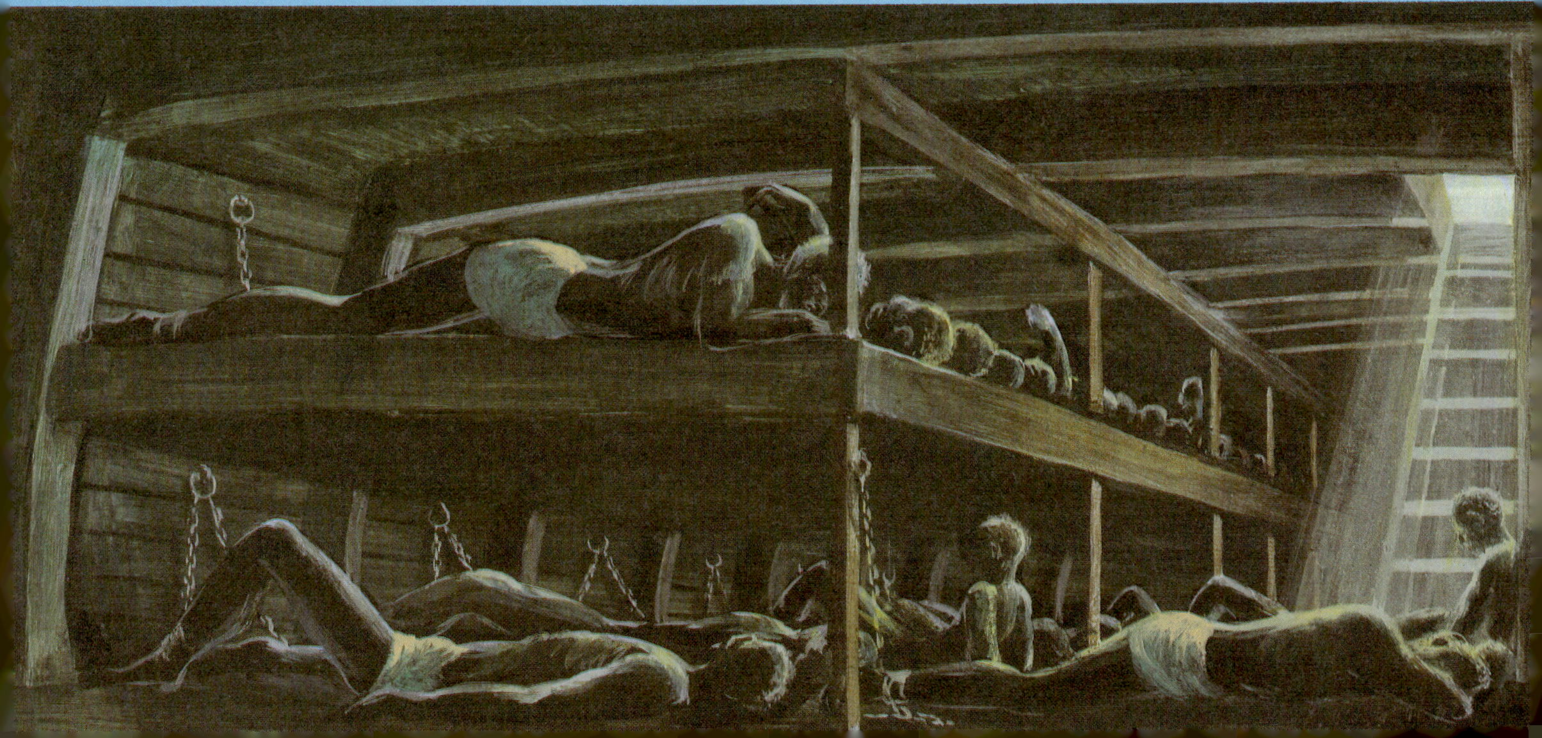

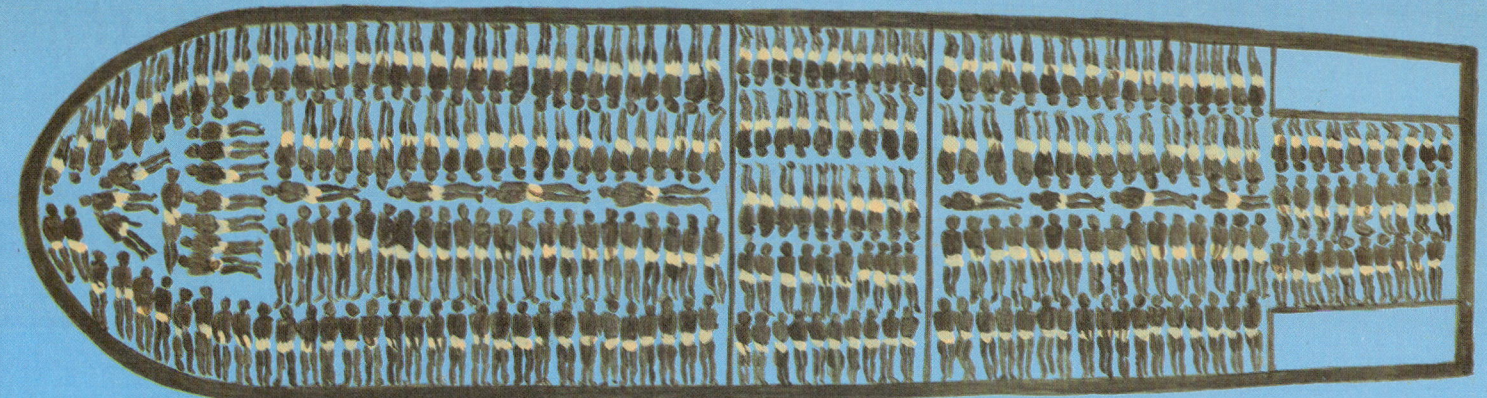

Nachdem die Gefangenen, von den Peitschen der Aufseher angetrieben, den qualvollen Marsch durch den Dschungel überlebt hatten, stand ihnen immer noch das Schlimmste bevor. Von ihren Familienangehörigen getrennt, wurden sie nun auf die europäischen Schiffe gebracht, die an der Küste auf ihre „lebende Fracht" warteten. Seit die Gefangenen ihre Heimat verlassen hatten, waren sie nicht mehr wie Menschen behandelt worden. Nun wurden ihnen auch noch wie dem Vieh Brandzeichen eingebrannt und Plaketten aus Blei zur Kennzeichnung umgehängt. Um möglichst viele von ihnen auf den Schiffsdecks unterbringen zu können, wurden Staupläne wie der oben gezeigte aufgestellt. Den Sklaven wurden die eisernen Halsbänder und Hand- und Fußschellen abgenommen, die sie seit ihrer Gefangennahme hatten tragen müssen (siehe links). Dafür wurden sie an die Wände ihres schwankenden Verlieses gekettet. Die einzige Zufuhr von Frischluft kam durch wenige Decksluken. Kündigte sich ein Sturm an, wurden auch diese geschlossen, damit kein Wasser in das Schiffsinnnere dringen konnte: Wenn der Sturm abgeflaut war und die Luken wieder geöffnet werden konnten, bot sich der Mannschaft ein gräßlicher Anblick: Lebende und Tote lagen nebeneinander gekrümmt und der stechende Geruch von Verwesung verpestete die Luft. Unter diesen Umständen ist es nicht verwunderlich, daß nur ein Teil der Sklaven sein Ziel lebend erreichte.

Der Wiener Kongreß setzte 1815 diesem schändlichen Handel mit Menschen ein gesetzliches Ende. Es dauerte aber noch fast ein ganzes Jahrhundert, bis die Sklaven-händler ihr einträgliches Geschäft einstellten. Britische Schiffe verfolgten nun auf allen Weltmeeren die schnellen

Sklavenschiffe mit den hohen Masten und großen Segeln. Waren die verfolgten Schiffe aber immer noch zu lang-sam, geschah, was auf diesem französischen Stich aus dem neunzehnten Jahrhundert zu sehen ist: um die eigene Haut zu retten, warf man die Sklaven kaltblütig als störenden Ballast über Bord.

Grönlandfahrer im Nordpolarmeer jagten seit dem siebzehnten Jahrhundert das größte Tier der Erde, den Wal. Die Waljagd mit Schiffen und Booten bildet eines der abenteuerlichsten Kapitel der Seefahrt.

Doch auch bevor man anfing, dem riesigen Säugetier in seinem nassen Element aufzulauern, hatte man schon von Land aus Jagd auf Wale gemacht. Die ältesten erhaltenen Aufzeichnungen darüber sind Felsritzungen an der Küste Norwegens, deren Alter auf über 4 000 Jahre geschätzt wird. Mit Ködern wurden die Wale in das flache Küstengewässer gelockt und dort getötet und zerlegt. Auf ähnliche Weise werden auch heute noch Wale auf den Salomoninseln, den Färöern, den Azoren und an der Küste Neufundlands gefangen.

Das erste Volk, das den Walen mit Schiffen auf offener See nachjagte, waren die Basken. Schon vor eintausend Jahren setzten sie beim Walfang im Golf von Biskaya, vor der nordspanischen Küste, ihr Leben ein.

Als die Wale im siebzehnten Jahrhundert in dieser Atlantikbucht seltener gefunden wurden, verlegten die Basken ihre Waljagd vor die Küste Neufundlands. Wegen dieser großen Erfahrung wurden die Basken sogar von den Engländern als Lotsen und Harpunierer eingestellt.

Den größten Aufschwung erhielt die Jagd auf Wale, nachdem der Holländer Willem Barents 1576 auf der Suche nach der Nord-Ost-Passage über das Eismeer auf Spitzbergen gestoßen war. In seinem Reisebericht, in dem er diese Inselgruppe für einen Teil der Ostküste Grönlands hielt (daher der Name „Grönlandfahrt"), erwähnte er große Wal- und Robbenvorkommen. Nun begann die Waljagd in bisher nicht gekanntem Ausmaß. Holländer, Basken, Engländer, Deutsche und Dänen gründeten Niederlassungen auf Spitzbergen, um die Wale an Ort und Stelle verwerten und Vorräte für Seeleute lagern zu können.

Das holländische „Smeerenburg" zum Beispiel, in dem es einige Läden, eine Bäckerei und sogar eine Kirche gab, wurde um 1630 jährlich von eintausend Seeleuten besucht. Zu Beginn des achtzehnten Jahrhunderts wurden die Wale aber auch vor Spitzbergen seltener und mußten nun vor den Küsten Grönlands gejagt werden.

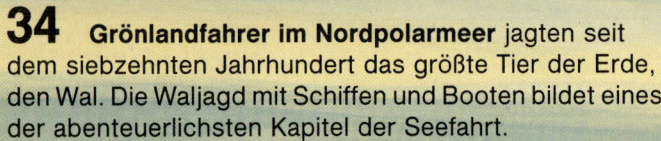

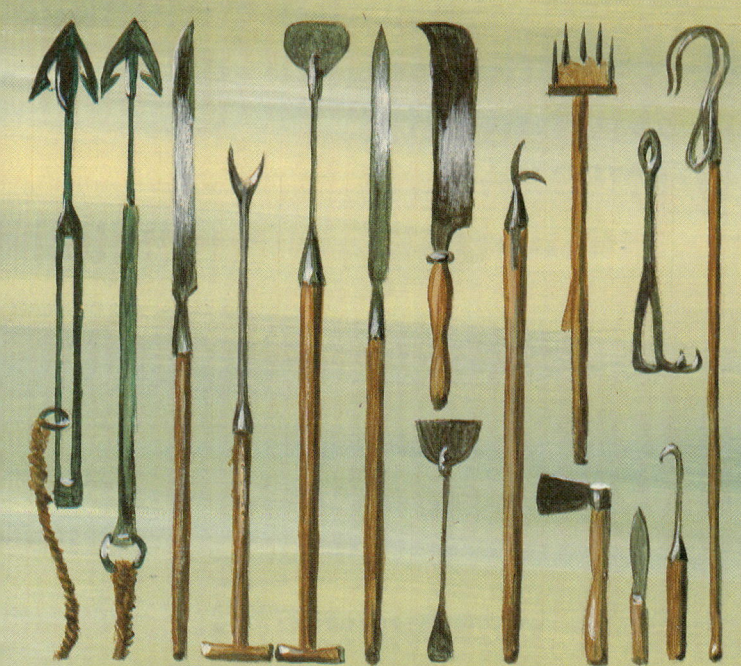

Bei jedem Auftauchen wurde er von einer neuen Harpune getroffen, bis er schließlich erschöpft und tödlich verwundet verendete. Mehrere Boote zogen den riesigen Kadaver zum Mutterschiff, an dessen Längsseite er „geflenst", das heißt abgespeckt, wurde. Die dicke Speckschicht wurde in Streifen geschnitten und an Bord gehievt. Für diese Arbeit dienten den Walfängern eine Reihe von Werkzeugen, die hier zu sehen sind. In einem gemauerten Ofen im Schiffsinnern wurde der Speck zu Tran gekocht und in Fässer abgefüllt. Tran war das Hauptbrennmaterial für die Lampen jener Zeit. Auch andere Teile des Wales wurden verwertet. Die Außenhaut war für die Herstellung von Damenhandtaschen und Regenmänteln begehrt, während man die Barten, die Hornplatten im Maul, für Schirmgestelle und Mieder benutzen konnte. Unabhängig von den Europäern war in den Nordstaaten Amerikas am achtzehnten Jahrhundert ein eigener Walfang entstanden. Um 1820 hatten sie nicht nur die Ostküste bis hinunter nach Brasilien, sondern auch den gesamten Pazifik und Indischen Ozean erschlossen. Diesen Walfang beschreibt Herman Melville in seinem berühmten Buch „Moby Dick". Gejagt wurde der Pottwal, der besseres Öl als der Grönlandwal lieferte.
1871 geschah fast der gesamten Walfangflotte des Nordpazifik etwas, das auch den Grönlandfahrern neben ihrer entbehrungsreichen Arbeit als ständige Gefahr drohte: sie wurde vom Eis eingeschlossen und zerstört.
Seit der Erfindung der Harpunenkanone und dem rücksichtslosen Einsatz anderer moderner Fangmethoden in diesem Jahrhundert scheint das Aussterben des Wales kaum vermeidbar zu sein.

Hier ist eine Walfangszene um 1830 zu sehen, die den lebensgefährlichen Alltag der mutigen Seefahrer zeigt. Die Fangmethode war seit Jahrhunderten die gleiche geblieben. Mit den großen Segelschiffen fuhr man in die Fanggebiete, häufig mitten in die Zone der treibenden Eisberge. Der Ausguck im Mastkorb suchte den Horizont nach den grauen Rücken der Säugetiere ab, die ab und zu ihre Wasserfontänen in die Luft schossen. Auf seinen Ruf hin wurden die kleinen Ruderboote zu Wasser gelassen. Sie hingen außenbords an sogenannten „Davits", hölzernen Tragearmen, die über die Reeling ragten. Jedes Schiff führte sechs oder acht Ruderboote mit sich.
Nun begann für die vier Ruderer, den Steuermann und den Harpunier eines jeden Bootes der riskanteste Teil ihrer Arbeit. Sie versuchten, so nahe wie möglich an den Wal heranzurudern, um die Harpune, die Lanze mit dem Widerhaken, werfen zu können, bevor der Wal wieder untertauchte. Die Harpune war durch eine lange Leine mit dem Boot verbunden. Hatte der gutgezielte Wurf sie tief genug in den Leib des Wales getrieben, begann jetzt eine oft stundenlange Schleppfahrt, die den Wal ermüden sollte.

35 **Herr über den Skorbut** wurde der berühmte englische Entdecker James Cook. Im Jahre 1768 beauftragte ihn die „Royal Society", das war die „Königliche Gesellschaft", mit einem besonderen Forschungsauftrag in der Südsee. Er sollte von der Insel Tahiti aus den Durchgang der Venus vor der Sonnenscheibe beobachten. Seine Angaben sollten die Entfernung zwischen Erde und Sonne errechnen helfen. Zum Leiter des Unternehmens ernannt worden zu sein, war eine große Ehre für Cook, der aus einer armen Familie kam. Schon als Junge hatten ihn Zahlen interessiert. Mit fünfzehn Jahren ging er zur See. Für elf Jahre fuhr er auf einem kleinen Küstenschiff, das Kohlen von England nach Skandinavien brachte. Hier erlernte er das rauhe Handwerk des Seemanns und mit 26 wurde er Steuermann. Wegen seiner Umsicht wurde ihm bald das Kommando über ein eigenes Schiff anvertraut, aber der junge Cook hatte sich schon ein weiteres Ziel gesetzt. Die Nordsee war für seinen Forschungsdrang zu eng geworden. Deshalb musterte er 1755 bei der Königlichen Marine an und bekam von 1758 bis 1762 den Auftrag, Karten des St.-Lorenz-Stromes an der kanadischen Ostküste anzufertigen. In den nächsten vier Jahren zeichnete er die gesamte Küste Neufundlands. Die Genauigkeit seiner Karten und wissenschaftlichen Berechnungen hatte die Aufmerksamkeit der „Royal Society" auf ihn gelenkt.

Für seine Südseefahrt wurde ihm die „Endeavour" zugeteilt, ein ehemaliger Kohlenfrachter, wie er Cook von seinen ersten Jahren auf See her so sehr vertraut war. Die „Endeavour" ist das erste Forschungsschiff, von dem eine genaue Beschreibung erhalten geblieben ist, denn die Admiralität ließ dieses kleine Schiff für seine neue Aufgabe umbauen. Um Platz für die Wissenschaftler und Offiziere zu schaffen, wurde ein neues Deck mit zehn Kabinen eingezogen. Jetzt konnten fast 100 Mann untergebracht werden. Die Länge dieses als Bark getakelten Schiffes betrug 29,8 Meter, seine Breite 8,9 Meter und der Tiefgang 3,4 Meter. Die Ladefähigkeit war mit 368 Tonnen angegeben. Sehr viel Wert legte Cook auf die Auswahl einer gesunden Nahrung. Die bisher üblichen Rationen an Butter, Käse und gesalzenem Rind- und Schweinefleisch wurden verringert. Dafür ließ Cook mehr als 7 000 Pfund Sauerkraut und in Würfeln getrocknete Fleischbrühe sowie Senf, Essig, Weizen, Rosinen und Malz (für die Herstellung von Bierwürze) an Bord bringen. Hinzukam als Neuerung Zitronensaft.

Mit diesem ungewöhnlichen Speisezettel, der den Matrosen mehr als einmal aufgezwungen werden mußte, vollbrachte Cook das Wunder: nicht ein einziger Seemann fiel dem gefürchteten Skorbut auf der mehrjährigen Reise zum Opfer. Als Orientierungshilfen standen Cook die modernsten Instrumente zur Verfügung.

Der hier gezeigte Sextant, dessen Vorläufer Astrolabium und Quadrant waren, wird heute noch in ähnlicher Form von den Seeleuten zur Längen- und Breitenbestimmung benutzt.

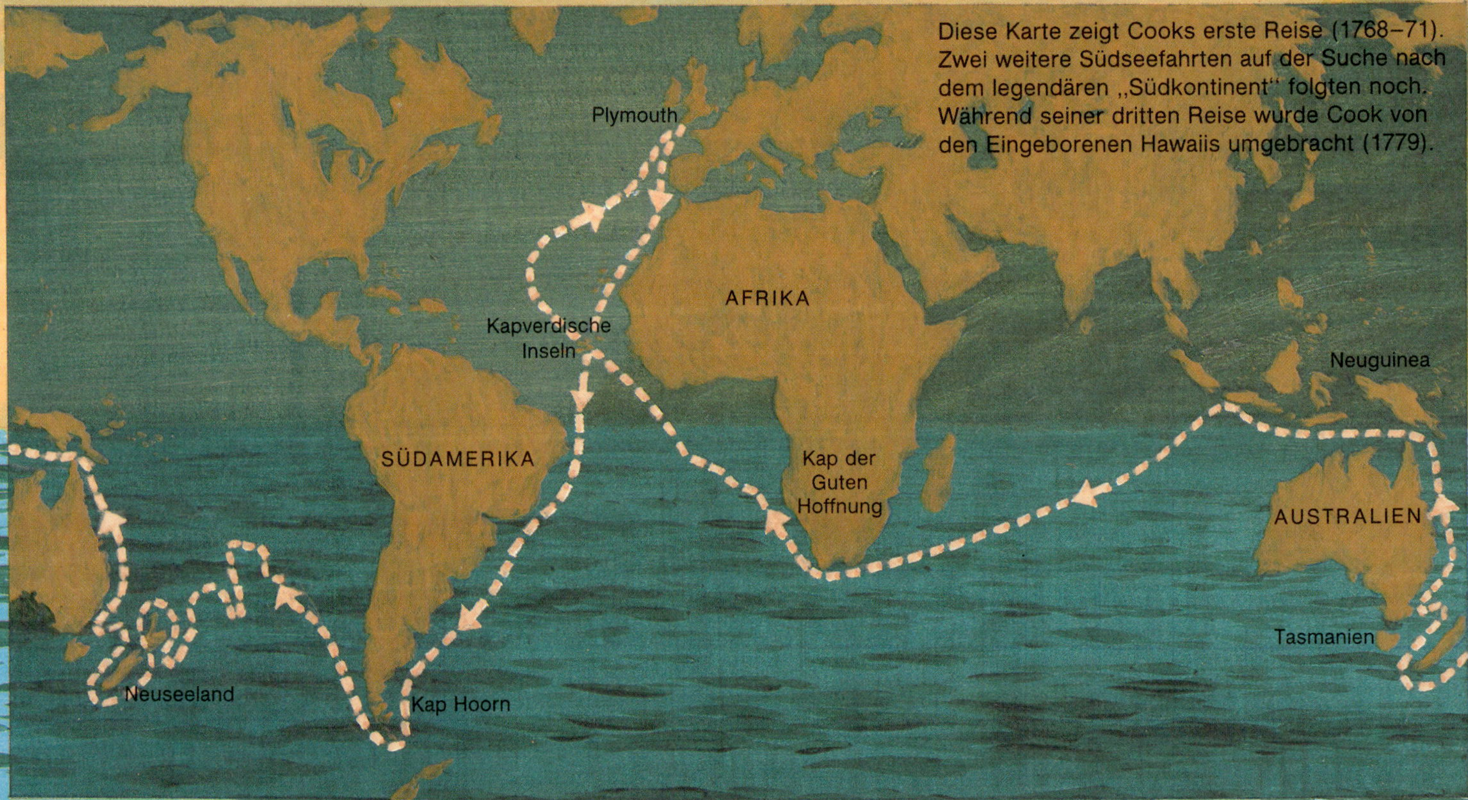

Diese Karte zeigt Cooks erste Reise (1768–71). Zwei weitere Südseefahrten auf der Suche nach dem legendären „Südkontinent" folgten noch. Während seiner dritten Reise wurde Cook von den Eingeborenen Hawaiis umgebracht (1779).

Plymouth

AFRIKA

Kapverdische Inseln

Neuguinea

SÜDAMERIKA

Kap der Guten Hoffnung

AUSTRALIEN

Tasmanien

Neuseeland

Kap Hoorn

Zum erstenmal führte Cook auch das von Harrison erfundene Chronometer an Bord mit. Dieses Gerät ermöglichte eine ständige, genaue Zeitmessung und bildete damit erst die Grundlage einer verläßlichen Positionsbestimmung. Im August 1768 verließ die „Endeavour" mit einer Besatzung von 85 Mann, darunter Naturforscher, Astronomen und Zeichner, den südenglischen Hafen Plymouth. Der Proviant war für achtzehn Monate bestimmt. Die Fahrt über den Atlantik verlief ruhig und nach einem kurzen Zwischenaufenthalt in Rio de Janeiro ließ Cook zum ersten Mal am 16. Januar unweit von Kap Hoorn wieder Anker werfen. Frischwasser und Holz wurden ergänzt und die Wissenschaftler nutzten die Pause für eine Landexpedition. In einem plötzlich aufkommenden Schneesturm verloren sie aber all ihr wissenschaftliches Gerät. Das schlechte Wetter hielt nun an. Doch trotz heftiger Stürme, Hagel- und Schneeschauer konnte Cook bei der Umrundung des Kaps diesen Teil der südamerikanischen Küste vermessen. Die „Endeavour" bestand ihre Bewährungsprobe, obwohl Cook auch bei Sturm so viele Segel wie nur möglich setzen ließ.

Am 13. April tauchte Tahiti, das Ziel der Reise, am Horizont auf. Das Gewirr von kleinen Inseln, durch das sie zuvor gekommen waren, nannte Cook zu Ehren der „Royal Society" „Gesellschaftsinseln". Die Eingeborenen Tahitis empfingen die Europäer freundlich. Dennoch ließ Cook das Lager in Reichweite der Schiffskanonen aufschlagen. Nachdem die Himmelserscheinung auftragsgemäß beobachtet worden war, teilte Cook der Mannschaft seine weitere Segelanweisung mit. Er sollte nach dem legendären „Südkontinent" suchen oder klären, ob der unerforschte Teil der Südhalbkugel nur aus einer weiten Wassermasse bestünde. Als die „Endeavour" nach dreimonatiger Ruhe wieder Anker lichtete, hatten sich alle Würdenträger der Eingeborenen am Strand versammelt und ein Oberpriester begleitete die Engländer sogar auf ihrer Weiterfahrt. Im September wurde Neuseeland erreicht, das sich bei der dreimonatigen Karthographierung als Doppelinsel erwies. Das Südkap Australiens kam im April 1770 in Sicht und in den folgenden 6 Wochen wurden 1 300 Meilen der Ostküste vermessen. Dabei lief die „Endeavour" auf ein Riff, konnte aber dank Cooks beherzten Einsatzes wieder freikommen. Das Fieberklima Batavias kostete während des nächsten Haltes 30 Mann das Leben – die ersten Opfer dieser Reise. Die Fahrt ging über das Kap der Guten Hoffnung weiter und am 11. Juni 1771 legte die „Endeavour" nach fast drei Jahren wieder in England an. Neben vielen Karten wurden auch Schätze aus der Südsee mitgebracht, wie die Federmaske eines Kriegsgottes aus Hawaii (oben).

36 **Ein triumphaler Sieg Englands** über die vereinigten Flotten Frankreichs und Spaniens wurde 1805 vor der spanischen Südwestküste bei Kap Trafalgar errungen. Schon viele Jahre lang hatte der französische Kaiser Napoleon I. eine Möglichkeit gesucht, das englische Inselreich in seine Gewalt zu bringen. Alle Länder des Kontinents waren bereits durch seine Machtpolitik in Kriege verstrickt. Nur seine Überlegenheit auf dem Meer bewahrte England vor dem Eindringen der Franzosen. Diese Vormachtstellung zur See war durch überragende Seehelden wie den hier abgebildeten Lord Horatio Nelson entstanden. Im Alter von zwölf Jahren hatte der junge Nelson bereits die seemännische Laufbahn eingeschlagen. Auf einem Schiff, das unter der Führung seines Onkels stand, nahm er an einer Handelsreise zu den Westindischen Inseln teil. Danach durfte er eine Schiffsexpedition in die Arktis begleiten. Als das Schiff einmal im Eis eingeschlossen war, soll es zu einem Kampf des jungen Horatio mit einem Eisbären gekommen sein. Mut und Entschlossenheit blieben weiterhin die hervorstechenden Eigenschaften Nelsons, der schon mit einundzwanzig Jahren als Kapitän ein eigenes Schiff führte. In Seekämpfen verlor Nelson sein rechtes Auge sowie seinen rechten Arm. Die Schlacht bei Trafalgar sollte ihn schließlich das Leben kosten.

Doch bevor es zu dieser entscheidenden Schlacht kam, hatte Napoleon versucht, das uneinnehmbare England an einer schwachen Stelle zu treffen. Durch die Eroberung Ägyptens hoffte er, die englischen Schiffe im Indischen Ozean abfangen zu können und damit England von den Rohstoffen Asiens abzuschneiden. Aber mit nur zwölf Linienschiffen vernichtete Nelson die französische Invasionsflotte am 1. August 1798 in der Bucht von Abukir. Napoleon floh nach Frankreich und sein Heer mußte sich ergeben. Sein Plan war gescheitert. Englische Schiffe beherrschten nun wieder das Mittelmeer und blockierten alle französischen Kriegshäfen. Nelson ließ als Oberbefehlshaber der verstärkten Blockadeflotte zwar den französischen Admiral Villeneuve mit 32 Schiffen aus dem Hafen Cadiz auslaufen, aber nur, um ihn endlich auf See schlagen zu können. Am 21. Oktober standen sich die beiden Flotten bei Kap Trafalgar gegenüber. Die verbündeten Franzosen und Spanier waren zwar um fünf Schiffe in der Überzahl, aber die englischen Seeleute waren kampferfahrener. Mit dem berühmten Flaggensignal: „England erwartet, daß jeder Mann seine Pflicht tut" gab Nelson das Zeichen zum Angriff. In zwei Kolonnen segelten die englischen Schiffe, allen voran das Flaggschiff „Victory", gegen die feindliche Reihe. Für einige Zeit waren die Engländer den französischen und spanischen Kanonen wehrlos ausgesetzt. Als sie aber endlich die feindliche Linie durchbrachen, richteten sie ihrerseits erheblichen Schaden an. In dem Schlachtgemenge, das nun um die „Victory" herum entstand, wurde Nelson von der Kugel eines französischen Scharfschützen tödlich verletzt. Aber noch bevor der englische Seeheld starb, konnte ihm sein Kapitän die Mitteilung machen, daß England einen überwältigenden Sieg errungen hatte und kein einziges englisches Schiff verloren war. Diese letzte große Seeschlacht, die allein von Segelschiffen bestritten wurde, sicherte England für ein weiteres Jahrhundert die Vorherrschaft auf dem Meer.

Französische und spanische Flotte

Victory

Englische Flotte

Der tägliche Dienst an Bord kostete mehr Opfer als die gelegentlichen Gefechte mit feindlichen Schiffen. In den Napoleonischen Kriegen starben dreizehn mal mehr Seeleute an Krankheiten und Unfällen als im Kampf. Unter den Krankheiten waren das tropische Gelbe Fieber und der Typhus die gefürchtetsten. Auch der Skorbut bildete bei weiten Reisen immer noch eine Gefahr. Durch das ständige Heben und Bewegen schwerer Lasten gab es oft innere Verletzungen und die feuchtkalten Unterkünfte hatten Lungenentzündungen zur Folge. Deshalb war ein Seemann häufig schon mit 45 Jahren am Ende seiner Kräfte.

37 **Disziplin und harte Arbeit** bestimmten das Leben an Bord der „Victory". Nicht alle Räume auf diesem berühmten Kriegsschiff waren so behaglich wie der hier gezeigte Speisesalon Nelsons. Die meisten der Matrosen schliefen auf dem unteren Batteriedeck in Hängematten, die über den Kanonen hingen und nur einen Abstand von einem halben Meter voneinander hatten. Dieses war auch gleichzeitig der muffige, halbdunkle Aufenthaltsraum für diejenigen, die gerade nicht auf Wache waren.

Der Dienst auf einem Kriegsschiff jener Tage war auch in Friedenszeiten wenig beliebt. Deshalb mußten die Seeleute oft gewaltsam angeworben werden. Jedem Kapitän blieb es überlassen, seine Mannschaften mit Hilfe von Fangkommandos zu ergänzen. Zu Kriegszeiten mußten sogar vor Anker liegende Handelsschiffe einen Teil ihrer Mannschaften an die Kriegsschiffe abgeben. Diejenigen, die sich von der geringen Heuer ködern ließen, waren oft Landstreicher, Diebe und Trunkenbolde, die auf dem Lande nichts mehr zu verlieren hatten. Um diesen Haufen rauher, widerspenstiger Gesellen zu einer wirkungsvollen Kampftruppe zusammenzuschmieden, brauchte es eine strenge Disziplin, die von den Offizieren überwacht wurde. Auspeitschungen wegen Trunkenheit, Fluchtversuchs oder Aufsässigkeit waren an der Tagesordnung. Ein solcher Strafvollzug fand als warnendes Beispiel vor aller Augen statt. Diese Bestrafungen wurden vom Schiffsarzt überwacht. Das Aufhängen an einer Rahe (siehe rechts unten) war eine noch härtere Strafe. Zur Geselligkeit wie Kartenspiel, Gesang und Tanz war nur Zeit, wenn das Schiff im Hafen vor Anker lag.

Großadmiral	Vizeadmiral	Kapitän	Oberleutnant	Major	Soldat	Maat	Matrose	Koch

Die Victory war in den Jahren 1759 bis 1765 gebaut worden und hatte bis zur Schlacht von Trafalgar zwei Umbauten erfahren. Ihre Länge von der Galionsfigur bis zur Heckreling betrug 74 Meter, ihre Breite 16,7 Meter. Sie besaß eine Tragfähigkeit von 2 162 Tonnen. Der starke Kiel war aus Teakholz, Spanten und Planken bestanden aus Eichenholz.

1 Oberdeck

30 12-Pfünder

2 Mitteldeck

28 24-Pfünder

3 Unterdeck

30 32-Pfünder

4 Orlopdeck

Die „Victory" ist heute in einem Trockendock des südenglischen Hafens Portsmouth als Museumsschiff zu besichtigen.

Zum Schutz gegen Bohrwürmer war das gesamte Unterwasserschiff mit 3 923 Kupferplatten (wie die linke Seite des Querschnittes zeigt) beschlagen. In den 40 Jahren ihrer Dienstzeit erwies sich die „Victory" als so hervorragendes Kampfschiff, daß sie unter dreizehn Admiralen als Flaggschiff fuhr. Oben sind einige Dienstgrade abgebildet, die auf einem Schiff der Königlichen Marine zur Zeit Nelsons fuhren. Die Mannschaft der „Victory" bestand aus 850 Mann, davon waren 24 Offiziere, 40 Schiffsjungen, 122 untere Ränge und Handwerker. Der größte Teil der Mannschaft war den Geschützen zugeteilt. Im Oberdeck arbeiteten 150, im Mitteldeck 168 Mann und die Geschütze des Unterdecks wurden von 225 Mann bedient. Hinzu kamen auf dem Vorschiff 20 Mann an zwei 12-Pfündern und zwei Karronaden (schwere Geschütze für den Nahkampf) mit 68 Pfund schweren Kugeln. Für die Behandlung von Verletzungen während der Schlacht standen dem Schiffsarzt nur begrenzte Mittel zur Verfügung. Wenn ein Arm oder Bein amputiert werden mußte, wurde dem Patienten ein großer Schluck Rum zur Schmerzlinderung eingeflößt und ein Stück Leder zwischen die Zähne geschoben, auf das er in seiner Qual beißen konnte. Dann hielten ihn Gehilfen des Doktors fest und dieser trennte mit einer Säge das verletzte Körperteil ab. Wer die Seegefechte und solche Operationen überstanden hatte, besaß ein Anrecht auf eine bescheidene Pension der Marine und einen Platz im Königlichen Seemannsheim in Greenwich bei London.

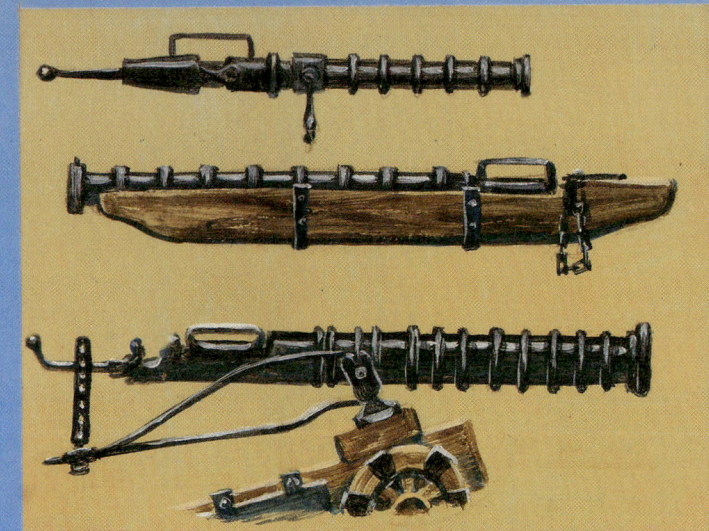

38 „Klar Schiff zum Gefecht!" – Auf dieses Kommando hin begann eine fieberhafte Emsigkeit auf allen Decks eines Linienschiffes. Die Hängematten (auf der rechten Seite über den Kanonen zu sehen) wurden verstaut und alles aus dem Wege geräumt, was in dem bevorstehenden Kampf hinderlich sein könnte. Die Decks wurden mit Sand bestreut, um ein Ausrutschen in vergossenem Blut zu verhindern. Bei den Masten wurden Wassereimer aufgestellt, damit Durst gestillt, überhitzte Kanonenrohre abgekühlt und Brände gelöscht werden konnten. Auch Körbe mit Orangen waren als Erfrischung für die rauchgereizten Kehlen der Seemänner vorbereitet. Der Schiffszimmermann legte Werkzeuge und Material zurecht, um nach feindlichen Einschüssen schnell die notwendigsten Reparaturen ausführen zu können. Auch der Schiffsarzt oder Wunddoktor bereitete sich darauf vor, Verletzungen aller Art in seiner engen Kabine auf dem Orlopdeck im hinteren Teil des Schiffes behandeln zu können. Dazu konnte sogar die Amputation von Gliedmaßen gehören, die von Schüssen oder heruntergefallenen Teilen der Takelage zerschmettert worden waren.

Die Beiboote wurden außenbords aufgehängt, um die Splittergefahr für sie zu verringern. Die Halterungen der Rahen wurden noch einmal überprüft und gesichert, vorsichtshalber ein Netz über dem Außendeck aufgespannt, um vor fallender Takelage zu schützen, und die Finknetze an der Reling mit den zusammengerollten Hängematten gefüllt. Dieses sollte ein weiterer Schutz gegen Handfeuerwaffen für die auf Deck kämpfenden Soldaten sein. Bei der Annäherung an den Feind wurden die Geschützpforten nach oben aufgeklappt (siehe Querschnittzeichnung unten) und die Lafetten, die fahrbaren Gestelle unter den schweren Kanonen, an die Bordwand gezogen, so daß die Rohrmündung über die Schiffswand hinausragte. Das Schiff war nun kampfbereit.

Das linke Bild zeigt einige frühere Kanonen. Nach der Erfindung des Schießpulvers in China um das Jahr 1000 dauerte es noch einige Jahrhunderte, bis die neue Technik auch auf Schiffen eingeführt wurde. Zuvor waren neben den

Seeleuten Landsoldaten an Bord gewesen, die wie zu einem Landgefecht ausgerüstet waren, und die Entscheidungen wurden in einem Kampf Mann gegen Mann herbeigeführt.

Erst um die Mitte des vierzehnten Jahrhunderts fanden sich die ersten Kanonen an Bord der Hanseschiffe sowie auf englischen und französischen Schiffen. Diese frühen Pulvergeschütze waren aus zusammengeschmiedeten Eisenstangen hergestellt, die durch starke Eisenringe noch mehr Festigkeit bekamen. Ihre Munition bestand aus Steinkugeln, die jedoch nicht viel Schaden anrichten konnten.

Zu Zeiten Sir Francis Drakes wurden die Rohre schon aus einem Stück gegossen und vom siebzehnten Jahrhundert an

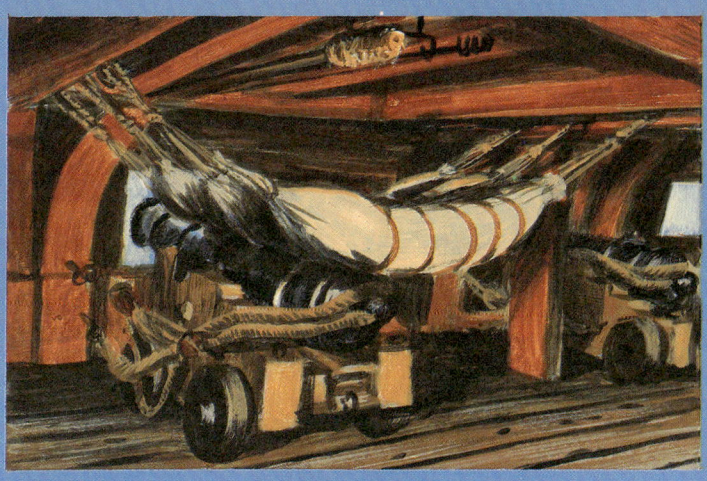

wurde die „Seele", das ist der Name für den Hohlraum im Geschützrohr, nach dem Guß ausgebohrt. Die Reichweite der Kanonen war sehr viel größer geworden.

Verwendet wurden nun nicht nur einfache Eisenkugeln, sondern auch (wie die obige Abbildung zeigt) eine Vielzahl unterschiedlicher Geschosse. Diese sollten sich in der feindlichen Takelage verfangen und den Gegner manövrierunfähig machen. Es wurden auch glühende Kugeln abgefeuert, die das feindliche Schiff in Brand stecken sollten. Die schwersten Kanonen standen auf dem untersten Deck, um die Stabilität des Schiffes zu erhalten. Auf der „Victory" waren es die 32-Pfünder, das heißt, sie verschossen Kugeln, die 32 Pfund wogen. Fünfzehn Mann waren zu ihrer Bedienung nötig, denn die Kanonenrohre waren drei Tonnen schwer und mußten nach jedem Schuß wieder in die richtige Zielposition gezogen und geschoben werden.

Die Bedienung der Kanone geschah in vier Schritten: Zuerst wurde ein Leinensäckchen mit Pulver, dann ein Pfropfen aus Tuch, darauf die Kugel und wieder ein Pfropfen mit einem Ladestock von vorn in das Rohr geschoben und fest zusammengedrückt.

Darauf stellte der Kanonier die Verbindung zwischen dem Schießpulver und dem Auslöser her.

Mit Hilfe eines Flaschenzuges wurde nun die schwere Lafette soweit an die Schiffswand gezogen, daß die Rohrmündung ins Freie kam. Der Kanonier nahm Ziel und gab seinen Männern Anweisung, das Geschütz seitlich zu verschieben, bis die richtige Stellung erreicht war. Auch die Neigung des Rohrs war durch Keile verstellbar.

Schließlich stellte sich der Kanonier in gebührender Entfernung hinter der Kanone auf (denn der Rückstoß während des Schusses war sehr stark) und zündete das Pulver durch eine Leine. Mit lautem Donner löste sich der Schuß und die Lafette sprang zurück, bis sie von einem dicken Tau gehalten wurde. Vor jeder neuen Füllung reinigte man das Rohr mit Metallspiralen und Schwämmen von Ladungsresten.

Die Mannschaft der „Victory" war stolz darauf, dieses Manöver in nur eineinhalb Minuten ausführen zu können.

39 **So alt wie Schiffe selbst** sind jene Gestalten, die Unheil von Schiff und Mannschaft abhalten sollten, die Galionsfiguren. 6000 Jahre alte Felszeichnungen in Afrika zeigen Kanus mit Stierköpfen am Vordersteven. Diese sollten den gebrechlichen Booten magische Kraft verleihen. Kretische Schiffe hatten um 2000 v. Chr. geschnitzte Fische an ihren Bugen und bei ägyptischen Booten diente die Lotusblüte als Schmuck. Auf Tongefäßen aus Griechenland ist zu sehen, daß die Schiffe der Griechen mit Hirschgeweihen verziert waren. Phönizische Schiffe waren durch ihre Pferdeköpfe weithin zu erkennen. Hatten die Mittelmeerschiffe dieser Zeit keine Figuren am Bug, so waren zu beiden Seiten des Vordersteven große Augen auf die Schiffswände gemalt. Mit diesen sollte das Schiff, das als lebendes Wesen betrachtet wurde, seinen Kurs finden und Gefahren rechtzeitig erkennen können.

Die Galeeren des klassischen Griechenlands hatten Helme von Kriegern, Tiere oder Gestalten aus der Sagenwelt als Verzierung. Diese Figuren waren oft Gottheiten geweiht, deren Beistand vor jeder Schlacht erfleht wurde. Die furchterregenden Drachenköpfe der Wikingerschiffe wurden bei der Ankunft in einem heimatlichen Hafen abgenommen, um friedliche Absichten anzuzeigen. Um die Jahrtausendwende tauchte auf normannischen Schiffen der Löwenkopf auf, und für die folgenden Jahrhunderte kehrte diese Galionsfigur auf den Kriegsschiffen aller Nationen als kraftverleihendes Zeichen immer wieder. Wie die beiden Reihen von Galionsfiguren aus dem achtzehnten und neunzehnten Jahrhundert zeigen (oben), gab es aber auch friedlichere Motive. Handelsschiffe, wie zum Beispiel die Klipper, hatten oft Porträts ihrer Besitzer oder deren Töchter am Vordersteven. Als die Bugformen runder wurden, verschwanden die Galionsfiguren.

Ein Blick in die Takelage eines Segelschiffes zeigt eine Vielzahl von Tauen des stehenden und laufenden Gutes. Für die sichere Bedienung eines Segelschiffes war es unerläßlich, daß alle Seeleute den Zweck eines jeden Taues genau kannten, denn bei Nebel oder in der Nacht war nicht zu erkennen, wohin die Taue führten.
Je nach der Stärke unterschied der Seemann Taue, Leinen und Bändsel.

Zum Arbeitsalltag der Matrosen gehörte auch die Beherrschung unterschiedlichster Knoten.
Unten sind nur einige von vielen möglichen Tauverbindungen, Befestigungen am Mast und an den Rahen zu sehen.

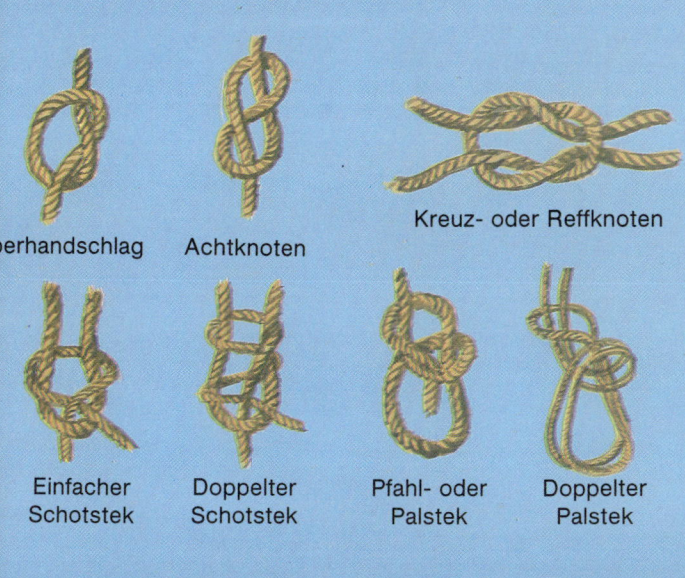

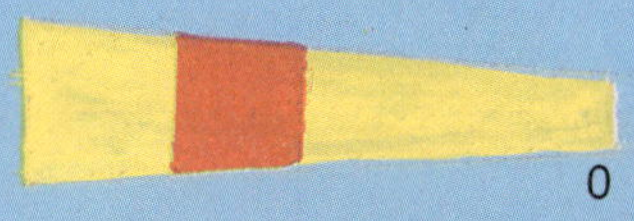

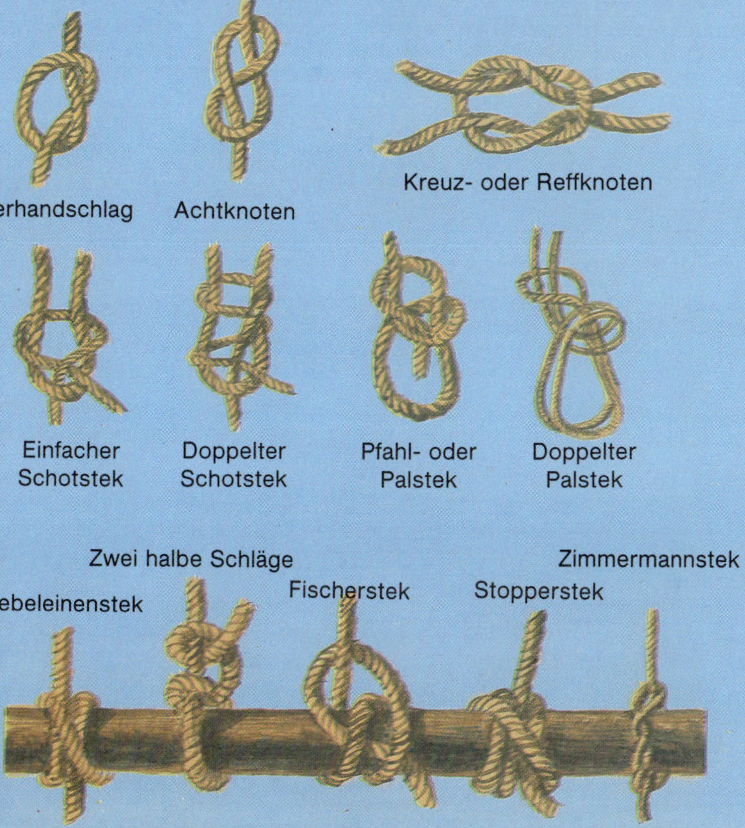

Überhandschlag   Achtknoten   Kreuz- oder Reffknoten

Einfacher Schotstek   Doppelter Schotstek   Pfahl- oder Palstek   Doppelter Palstek

Zwei halbe Schläge   Zimmermannstek

Vebeleinenstek   Fischerstek   Stopperstek

A B C D E F G H I J K L M N O P Q R S T U V W X Y Z

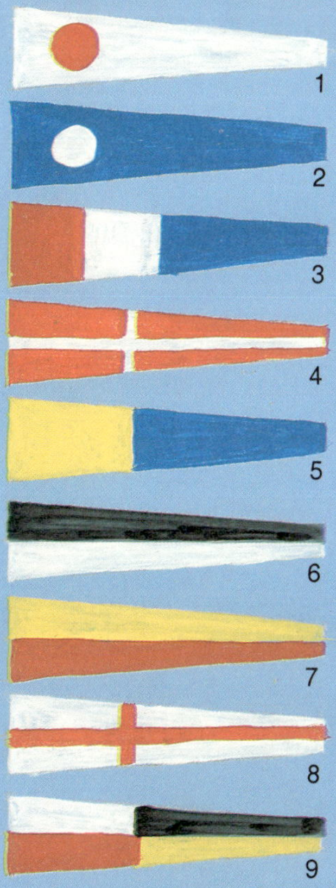

1 2 3 4 5 6 7 8 9 0

Ein Verständigungsmittel auf See sind die Signalflaggen. Für jeden Buchstaben des Alphabetes gibt es eine Flagge. Hinzu kommen zehn Zahlenwimpel.
Jeder einzelne Buchstabe hat außerdem eine besondere Bedeutung. Einer der bekanntesten ist das „P". Diese Flagge wird auch „Blauer Peter" genannt. Wenn sie am Mast flattert, läuft das Schiff in den nächsten 24 Stunden aus. Die „O"-Flagge heißt: „Mann über Bord" und „G" bedeutet: „Ich benötige einen Lotsen".

40 **Teerennen über die Weltmeere** fanden im neunzehnten Jahrhundert mit Schiffen eines neuen Typs statt, den „Klippern". Diese schnellen Segelschiffe waren zuerst auf Werften der amerikanischen Ostküste gebaut worden. Besondere Berühmtheit erlangten die Baltimore-Klipper. Sie brachten Tausende von Goldsuchern aus allen Teilen Amerikas und Europas nach Kalifornien, wo im Jahre 1848 die ersten Körner des begehrten Metalles gefunden worden waren. Erst mit diesen Schiffen konnte der Goldrausch sein einzigartiges Ausmaß annehmen. Doch gab es auch andere Aufgaben für die schlanken Schiffe mit den hohen Masten: seit die Britische Ostindienkompanie ihre Monopolstellung verloren hatte,

waren es immer häufiger amerikanische Klipper, die Häfen der Alten Welt anliefen oder sich als wendige Kriegsschiffe in die Auseinandersetzungen der europäischen Länder mischten.

Der scharfe, weit nach vorn springende Bug, der das Wasser wie ein Messer zerteilte, und die Vielzahl der Segel ließen diese Schiffe schneller werden als alle zuvor bekannten. Diese Eigenschaft machte man sich auch für den inzwischen verbotenen Sklavenhandel zunutze. Immer wieder gelang es den Klippern, mit ihrer lebenden Fracht den trägeren Regierungsschiffen zu entkommen.

Im Jahre 1850 legte der New Yorker Klipper „Oriental" im Hafen von London an, nachdem er nur 99 Tage für die Reise von Honkong benötigt hatte. Die englische Presse rief die britischen Schiffbauer auf, es den Amerikanern gleichzutun und so wurde die Gelegenheit genutzt, die „Oriental" zu vermessen, um eigene Klipper zu bauen. Als die „Cutty Sark" 1869 in Dumbarton, in der Nähe der schottischen Stadt Glasgow vom Stapel lief, war bereits das Ende der berühmten Teewettfahrten gekommen.

Zehn Jahre lang hatten die Kapitäne der britischen Klipper ihre Schiffe wie Rennpferde über die Meere getrieben, um als erste den frischen Tee nach London zu bringen, denn dem Sieger winkte eine hohe Prämie. Statt wie bisher von Kanton segelten die Teeklipper seit den Fünfziger Jahren von der chinesischen Stadt Futschou, die näher an den Teeanbaugebieten lag, nach England. Dadurch wurde die Zeit zwischen der Ernte in China und der Auktion in London stark verkürzt.

Ein Schiff, das in der ersten Junihälfte mit dem neuen Tee beladen worden war, konnte bereits Ende Oktober in den Londoner Docks gelöscht werden.

1866 fand das berühmteste aller Teerennen statt, bei dem diese Zeit noch um einige Wochen verkürzt wurde. Fünf Klipper nahmen von Futschou aus an ihm teil. Das Bild oben zeigt die „Ariel" und die „Taeping", die ihre Leesegel gesetzt haben, um den Wind noch mehr zu nutzen. Sie kamen nach einer Reisezeit von nur 99 Tagen fast gleichzeitig am 6. September im Londoner Hafen an. Im Laufe der nächsten zwei Tage trafen auch die drei anderen Klipper ein.

Die Schiffbauer hatten den Belastungen, denen die Klipper bei solchen Fahrten ausgesetzt waren, durch eine neuartige Bauweise des Rumpfes Rechnung getragen.

Das bisherige Baumaterial für britische Schiffe, Eichenholz, war inzwischen knapp und teuer geworden. Deshalb benutzte man nun Eisen für die Spanten, gegen die Planken aus Teakholz gesetzt wurden. Der Kiel bestand aus Ulmenholz. Wegen dieser Mischung aus verschiedenen Materialien hießen die Schiffe auch „Kompositschiffe". Sie hatten gegenüber den reinen Holzschiffen einige Vorteile: bei gleicher Größe konnten sie mehr Ladung fassen, waren leichter und bei Stürmen stabiler. Auch die „Cutty Sark" war ein solches Kompositschiff. Sie machte acht Teefahrten, nahm aber nur an einem Teerennen teil. Ihre durchschnittliche Lademenge betrug 1 325 000 Pfund Tee pro Fahrt. Damit die Teekisten während der stürmischen Überfahrt nicht verrutschten und das Schiff zum Kentern brachten, wurden sie von den chinesischen Schauerleuten nach einem genauen Ladeplan rutschsicher verstaut.

Von 1877 an wurde die „Cutty Sark" für unterschiedlichste Frachtfahrten verwendet. Kohle, Wolle, Juteballen und sogar Altmetall gehörten zu ihren Ladungen. 1883 begann sie regelmäßige Wollfahrten nach Australien und war von 1885 bis 1895 der schnellste Wollklipper. Von dem australischen Hafen Newcastle benötigte sie nur 82 Tage nach England. Auf der Hinreise umfuhr sie das Kap der Guten Hoffnung und kehrte über das gefürchtete Kap Hoorn zurück. Für die nächsten 27 Jahre segelte sie unter portugiesischer Flagge, denn ihr englischer Reeder war in Geldnot geraten. Als sie 1922 in den englischen Kanal einlief, wurde sie von einem alten Kapitän wiedererkannt und zurückgekauft. Heutzutage liegt sie instandgesetzt in einem Trockendock in Greenwich bei London und wird jährlich von einer halben Million Besucher bewundert.

Mächtige Segelschiffe wie die „Preußen" (siehe unten) waren der Stolz der Laeisz-Reederei. Bewundernd wurde dieses Schiff von allen, die ihr auf See begegneten, „Königin der Meere" genannt. Sie war das einzige Fünfmastvollschiff (das heißt mit Rahsegeln an allen fünf Masten), das je gebaut wurde. Mit gut ausgesuchten Kapitänen und Mannschaften gelang es der Familie Laeisz, ihren Ruf für zuverlässige Frachtfahrten über mehrere Generationen hinweg zu halten. Oben bergen Matrosen ein Segel. Dabei befolgten sie den Grundsatz: „Eine Hand für das Schiff und eine Hand für den Mann!" Dennoch kam es bei dem Kampf mit den in Regen und Sturm hartgefrorenen Segeln, der oft stundenlang dauerte, immer wieder zu tödlichen Abstürzen.

Der höchste der fünf Stahlmasten der „Preußen" maß bis zum Flaggenkopf 68 Meter. Wenn alle Segel gesetzt waren, besaßen sie eine Gesamtfläche von 5560 Quadratmetern. In der Londoner Versicherungsgesellschaft Lloyd's wurde die „Preußen" mit ihrer Gesamtlänge von 132 Metern, 16,4 Metern Breite und einer Wasserverdrängung von 11150 Tonnen in die größte Schiffsklasse eingeordnet. Bei einer steifen Brise konnte sie eine Geschwindigkeit von 17 Knoten erreichen. Ihre Ladefähigkeit betrug 8000 Tonnen, sechsmal soviel wie die eines Teeklippers. Für die Bedienung dieses Riesenschiffes waren nur 45 Mann nötig – gegenüber den 35 Mann der sehr viel kleineren „Cutty Sark".

41 Das Ende der Segelschiffahrt

Das Ende der Segelschiffahrt wurde durch die neuen Schiffe aus Stahl, die Windjammer, eingeleitet, die doppelt so lang waren wie die anmutigen Klipper. Der wachsende Bedarf der europäischen Landwirtschaft an Düngemitteln hatte für diese Großsegler ein Geschäft eröffnet, das sie weit über die Ozeane, vorbei am sturmumbrausten Kap Hoorn, zur Westküste Südamerikas führte. Hier gab es auf den Inseln, die der Küste vorgelagert waren, in Unmengen jenen Dünger, den die Bauern fern in der Heimat benötigten. In Jahrtausenden hatte sich hier der Vogelmist abgelagert, der Guano genannt wurde. Einer der ersten Kaufleute, die das unerhörte Ausmaß dieses Geschäftes ahnten, war der Hamburger Reeder Ferdinand Laeisz. Etwa 1850 hatte er zusammen mit seinem Sohn begonnen, seine Güter auf eigenen Schiffen in alle Welt auszuführen. Ein gemeinsames Kennzeichen aller Laeisz-Schiffe war, daß ihre Namen mit einem „P" begannen. Diese Sitte hat sich bis heute erhalten. In der Zeit ihrer Gründung besaß diese Reederei nie mehr als sechzehn Schiffe. Allerdings konnten Segelschiffe durch die neue Stahlbauweise immer größer gebaut werden.

An der südamerikanischen Küste wurde aber nicht nur Guano in die Windjammer aus Europa geladen, sondern Chile verfügte über salpeterhaltige Erde, die im Tagebau nahe der Küste abgetragen werden konnte. Auf der linken Seite ist oben der chilenische Hafen Pisagua zu sehen, in dem die Schiffe auf ihre Abfertigung warten. Die Firma Laeisz hatte hier ihre eigenen Agenten, die dafür sorgen sollten, daß genügend Leichter (kleine, flache Lastboote) für das Beladen ihrer Schiffe zur Verfügung standen. So hatten die Hamburger Schiffe nicht nur die kürzesten Fahrzeiten, sondern auch die kürzesten Liegezeiten im Hafen. Dennoch dauerte die durchschnittliche Ladezeit zwei Monate. Die 30 000 Säcke, jeder von ihnen zwei Zentner schwer, wurden im Laderaum kunstvoll zu Pyramiden gestapelt, um den Schwerpunkt des Schiffes möglichst tief zu halten. Mit den Großsegelschiffen dauerte die Überfahrt nach Chile zu Beginn dieses Jahrhunderts 80 Tage. Wegen der starken Abhängigkeit dieser Schiffe vom Wetter war die genaue Dauer ihrer weiten Fahrten aber nie vorauszusehen. Der Ehrgeiz der Laeisz-Reederei war es, ihre Schiffe trotz dieser Unberechenbarkeit möglichst regelmäßig fahren zu lassen. Während die meisten Reedereien nur drei Reisen nach Chile innerhalb von zwei Jahren unternahmen, schafften die Laeisz-Schiffe vier Fahrten in derselben Zeit.

Auch diese großen Segelschiffe nahmen, wie die eleganten Klipper vor ihnen, an Wettrennen teil, doch immer häufiger waren ihre Konkurrenten Schiffe, die auf den Wind als Antriebskraft nicht mehr angewiesen waren. Sie nutzten eine Kraft, die sie selbst erzeugten und die sie von den Zufälligkeiten des Wetters unabhängig werden ließ. Es waren die Dampfschiffe, die mehr und mehr die Seerouten mit dem Rauch, der aus ihren Schornsteinen quoll, markierten.

The ship illustration with numbered sails 1-33.

Um Mannschaften einzusparen, waren die Segel verkleinert worden. Auch die Leesegel, die den Klippern zusätzliche Fahrt gegeben hatten, fehlten nun, denn ihre Bedienung war zu aufwendig.

42 Weniger Mann auf wendigeren Schiffen waren

das Ergebnis einer Weiterentwicklung der Takelagen auf Windjammern. Bis zum Ende des vorigen Jahrhunderts waren alle großen Segelschiffe „Vollschiffe" gewesen, das heißt mit Rahsegeln an allen drei Masten.

Als die Zahl der Masten auf den größer werdenden Windjammern aber zunahm, tauchten an den letzten Masten längs zur Schiffsachse stehende Segel, sogenannte Gaffelsegel, auf. Schiffe mit dieser Mischform von Rah- und Gaffelsegeln heißen „Barken". Die Namen ihrer Segel lauteten:

Besanmast	Kreuzmast	Großmast	Fockmast
1 Besangaffeltoppsegel	6 Kreuzroyal	15 Großroyal	24 Vorroyal
2 Besan	7 Kreuzoberbramsegel	16 Großoberbramsegel	25 Voroberbramsegel
	8 Kreuzunterbramsegel	17 Großunterbramsegel	26 Vorunterbramsegel
	9 Kreuzobermarssegel	18 Großobermarssegel	27 Vorobermarssegel
	10 Kreuzuntermarssegel	19 Großuntermarssegel	28 Voruntermarssegel
	11 Bagien	20 Großsegel	29 Fock
			30 Jager
3 Besanbramstagsegel	12 Kreuzbramstagsegel	21 Großbramstagsegel	31 Außenklüver
4 Besanstengestagsegel	13 Kreuzstengestagsegel	22 Großstengestagsegel	32 Binnenklüver
5 Besanstagsegel	14 Kreuzstagsegel	23 Großstagsegel	33 Vorstengestagsegel

Hier ist eine der vielen Segelmacherstuben zu sehen, die es noch in den dreißiger Jahren unseres Jahrhunderts in jeder großen Hafenstadt gab. Von Hand, nur mit einer Lederver-

stärkung für die Handfläche, wurden für jeden Windjammer viele Kilometer Fäden mit Tausenden von Nadelstichen vernäht. Alle Segelkanten wurden mit Tauen verstärkt.

6

5

4

3

2

1

A Beim Wenden drehte das Schiff mit dem Vordersteven durch den Wind. Es war die wirkungsvollste Art, die Fahrtrichtung zu wechseln.

1

2

3

4

5

6

B Bei schwerem Wetter wurde der Kurs durch Halsen geändert. Dabei drehte das Schiff mit seinem Heck durch den Wind. Das war ein sichereres Manöver, weil die Segel dabei nicht gegen den Mast drückten.

Für diese Manöver gab der Kapitän, der neben dem Rudergänger stand, persönlich die Befehle an seine Mannschaft. Auch bei günstigstem Wetter mußte die Mannschaft hundertprozentig zusammenarbeiten. Ein einziger unfähiger Mann, eine einzige morsche Trosse konnten das Vorhaben scheitern lassen.
Das rechte Bild zeigt eine Viermastbark im Kampf mit den Elementen vor Kap Hoorn.
Um Mastbruch oder sogar Kentern zu verhindern, hat der Kapitän die oberen Segel einholen lassen.

Eine Kunst für sich war es, einen Windjammer zu steuern. Lief das Schiff vor dem Wind, gab es kaum Schwierigkeiten. Doch sowie der Wind seine Richtung änderte, mußte die Stellung der Segel durch Brassen, das heißt durch Drehen der Rahen, verändert werden, um den vorherigen Kurs beizubehalten. Wollte ein Kapitän aber bei gleichbleibendem Wind den Kurs seines Schiffes ändern, standen ihm dazu zwei Manöver zur Verfügung.

(A) das Wenden:

1   Zu Beginn des Manövers bekommt das Schiff den Wind von Backbord.

2   Das Ruder wird hart nach Backbord gelegt und die Besanschot (die Leine, die zum hinteren Ende des Besansegels führt), dichtgeholt, das heißt angezogen und damit das Segel nach vorne gebracht. Nun ist die Drehung eingeleitet.

3   Die Großrahen und Kreuzrahen werden mit den Brassen herumgeholt. Ihre Segel und die des Klüverbaums flattern für einen Augenblick und die Segel des Fockmastes schlagen back, das heißt, sie drücken gegen den Mast. Die so entstehende Bremsung unterstützt das Schiff in seiner Drehbewegung.

4   Jetzt hat das Schiff sehr an Fahrt verloren, aber allmählich füllen sich die Klüversegel sowie Groß- und Kreuzsegel mit Wind von der Steuerbordseite.

5   Das Schiff nimmt wieder Fahrt auf und nun werden auch die Rahen des Fockmastes herumgebraßt.

6   Alle Großsegel sind mit Wind gefüllt und das Schiff setzt seine Fahrt mit dem neuen Kurs fort.

(B) das Halsen:

1   Mit verkleinerter Segelfläche wird das Schiff, das den Wind von der Backbordseite bekommt, auf das Segeln vor dem Wind vorbereitet.

2   Das Besansegel wird eingeholt und das Ruder nach Steuerbord gelegt. Die Groß- und Kreuzsegel werden quer zur Längsachse des Schiffes in den Wind gestellt.

3   Das Schiff fällt ab, das heißt, es bekommt den Wind immer mehr von hinten, bis er Kreuz- und Großsegel füllt.

4   Diese bringen den Fockmast in den Windschatten, so daß sich dieser leicht herumbrassen läßt.

5   Der Wind kommt nun von Steuerbord und Groß- und Kreuzsegel werden weiter angebraßt.

6   Das Besansegel wird gesetzt und das Schiff setzt seine Fahrt in entgegengesetzter Richtung fort.

„Buddelschiff"

das Abfallen:
das Drehen eines Schiffes, so daß es den Wind von hinten bekommt.

achtern:
hinten, auch in Verbindung mit anderen Begriffen: Achterdeck, Achtersteven. Achtern an Bord eines Schiffes ist alles, was hinter „mittschiffs" liegt.

das Backbord:
die in Fahrtrichtung linke Seite eines Schiffes. Nachts wird sie mit einer roten Positionslaterne angezeigt.

der Ballast:
die Zuladung eines Schiffes, die ihm eine hohe Stabilität geben soll; früher Sand und Steine, heute Metall oder Wasser.

der Besanmast:
der hinterste Mast auf allen Schiffen mit drei oder mehr Masten. Seine Segel sind Schratsegel, das heißt, sie stehen in der Längsrichtung des Schiffes.

das Bordbuch:
das Schiffstagebuch oder Logbuch, in das der Kapitän den am Tage zurückgelegten Kurs, das Wetter und besondere Vorkommnisse einträgt.

die Brasse:
das am Rahende befestigte Tau zum seitlichen Drehen der Rah.

brassen:
das seitliche Herumholen der Rahen mit Hilfe der Brassen.

der Bug:
das vordere, mehr oder weniger spitz (scharf) zulaufende Ende eines Schiffes.

Englischer Leuchtturm um 1890

der Bugmast:
kleiner Mast, der am Ende des Bugspriets befestigt ist und ein Rahsegel trägt. Er kommt von cirka 1550 bis circa 1700 vor. Wegen seiner gefährlichen Lage an der äußersten Spitze des Schiffes forderte er während einiger Jahrhunderte Tausende von Todesopfern.

Hecklaterne eines französischen Kriegsschiffes aus dem 18. Jahrhundert

der Bugspriet:
der kleine, schräg über den Bug nach vorn ragende Mast. Er ist fest mit dem Schiff verbunden.

das Chronometer:
die Präzisionsuhr an Bord eines Schiffes. Zur genauen Längenbestimmung ist sie unerläßlich.

der Davit:
kleiner Kran an Deck eines Schiffes, mit dem ein Beiboot zu Wasser gelassen werden kann.

der Faden:
englisches Längenmaß (1,829 Meter) für die Angabe von Meerestiefen auf englischen Seekarten.

die Fahrt:
die Geschwindigkeit eines Schiffes in Knoten, das heißt Seemeilen pro Stunde (1 Seemeile = 1852 Meter).

das Fall:
das zum Hochziehen oder Herunterlassen einer Rah dienende Tau. Der Segelname gibt ihm seinen genaueren Namen, z. B. Fockfall, Klüverfall.

fieren:
eine Last (Boot usw.) an einem Tau herunterlassen.

die Flaute:
die von den Kapitänen aller Segelschiffe gefürchtete Windstille.

der Fockmast:
der vorderste Mast bei mehrmastigen Schiffen.

das Galion:
der Schiffsschnabel bei früheren Segelschiffen. Er schützte den Vordersteven und diente der Mannschaft als Abort. Er trug auch die Galionsfigur.

Pottwalzahn mit Ritzzeichnung

die Geschützpforte:
Luke für ein Kanonenrohr in der Bordwand von alten Kriegsschiffen, die vor der Schlacht mit Seilzügen geöffnet wurde. Während der Fahrt konnte sie wasserdicht verschlossen werden.

glasen:
das Anschlagen der Schiffsglocke in halbstündigen Abständen als Angabe der Schiffszeit. Der Ausdruck stammt von den früheren Segelschiffen, auf denen Halbstundensanduhren aus Glas verwendet wurden.

die Gordings:
die Taue, die zum Festbinden des Segels an der Rahe dienen. Sie gehören zum laufenden Gut.

Rettungsring um 1840

Kultschiffe   Felszeichnung aus Südschweden

der Großmast:
der zweite Mast von vorn bei mehrmastigen Seglern.

das Halsen:
Drehmanöver eines Segelschiffes, bei dem es mit seinem Heck zuerst durch den Wind dreht. Bei schwerem Wetter ist es das gegenüber dem „Wenden" sicherere Manöver.

die Harpune:
Wurfspeer mit Widerhaken und langer Leine. Sie ist die Hauptjagdwaffe der Eskimos und wurde auch von den Walfängern bis circa 1850 von Hand geworfen.

das Heck:
das hintere (achtere) Ende eines Schiffes.

die Helling:
der Bauplatz eines Schiffes mit einer Neigung zum Wasser für den Stapellauf.

die Heuer:
der Lohn eines Seemannes.

hieven:
das Hochziehen schwerer Lasten mit einem Tau.

„Jolly Roger" Piratenflagge

die Jungfernfahrt:
die erste Fahrt eines Schiffes nach dem Stapellauf.

der Kai:
das befestigte Ufer, an dem Schiffe direkt anlegen können.

kalfatern:
das Abdichten der Außenhaut und der Decksnähte eines Schiffes. Dabei wird geteertes Werg mit einem Kalfateisen und einem Hammer in die Fugen gedrückt.

kentern:
das Sinken eines Schiffes, nachdem es sich auf die Seite (Kante) gelegt hat.

der Kiel:
der starke, unterste Mittelbalken in Längsrichtung des Schiffes, auf dem die Spanten quer aufsetzen.

der Klinkerbau:
die nordeuropäische Bauweise alter Holzschiffe, bei der die Außenplanken dachziegelartig übereinanderlappen.

der Klüverbaum:
die zum Schiff hin einziehbare Verlängerung des Bugsprietes, an dem die Vorsegel gefahren werden.

die Koje:
die kleine, fest eingebaute Schlafstelle unter Deck.

die Kombüse:
die Schiffsküche.

„Südwester"

das Kompositschiff:
ein Schiff, bei dem das innere Gerüst aus Eisen und die Außenhaut aus Holz besteht. Es kam in der Mitte des vorigen Jahrhunderts in England auf.

das Krähennest:
eine Plattform in halber Höhe des Fockmastes, von der aus ein Ausguckmann den Horizont beobachtet.

Der Albatros galt den
Seeleuten als gutes Zeichen

der Kraweelbau:
Die Schiffsseitenplanken werden nebeneinander gesetzt, so daß eine glatte Außenhaut entsteht. Die Nähte werden kalfatert oder geschweißt.

kreuzen:
im Zickzack-Kurs auf ein Ziel zusegeln, das in der Richtung liegt, aus der der Wind bläst.

der Kreuzmast:
der zweite Mast von hinten bei mehrmastigen Segelschiffen.

der Kurs:
die Fahrtrichtung eines Schiffes. Sie wird in Strichen, in die die Windrose des Kompasses eingeteilt ist, angegeben.

das Lateinersegel:
dreieckiges Segel, das an einer schrägen Segelstange befestigt ist.

das laufende Gut:
alle beweglichen Taue, die zur Bedienung der Segel notwendig sind.

die Lee:
die dem Wind abgekehrte Seite eines Schiffes.

das Leesegel:
Zusatzsegel auf den Klippern. Es war an ausschiebbaren Rundhölzern, die die Rahen verlängerten, befestigt.

das Liek:
das dünne Tau, mit dem jedes Segel zur Verstärkung eingesäumt ist.

löschen:
das Entladen eines Schiffes.

das Log:
Gerät zum Messen der Fahrtgeschwindigkeit. In den frühen Tagen der Segelschiffahrt war es ein Stück Holz, an dem eine Leine mit in gleichen Abständen angebrachten Knoten befestigt war. Die Anzahl der Knoten, die in einer bestimmten Zeit durch die Hand liefen, gab die Geschwindigkeit an.

das Lot:
das an eine lange Leine gebundene Gewicht, mit dem die Wassertiefe gemessen werden kann.

die Luv:
die dem Wind zugekehrte Seite eines Schiffes.

mittschiffs:
in der Mitte eines Schiffes, bezogen auf die Längs- und Querachse.

die Navigation:
Die Schiffahrtskunst. Sie besteht aus der Fähigkeit, jederzeit über den Standort eines Schiffes Bescheid zu wissen. Dazu dienen seit den frühesten Tagen der Schiffahrt die unterschiedlichsten Hilfsmittel.

das Paddel:
kurzer Riemen für kleine Ruderboote.

die Rah:
waagerechtes, an der Vorderkante eines Mastes hängendes, schwenkbares Rundholz, an dem das (Rah-)Segel angebracht ist.

Römischer Holzanker
mit Bleispitzen

Eine Seemannskiste aus dem 19. Jahrhundert